序 言

古往今来，历代高僧大德对《楞严经》倍加推崇，甚至有“自从一读楞严后，不看世间糟粕书”的评语。其原因就在于《楞严经》是释迦牟尼讲解如何明心见性最清楚、最通透、最究竟彻底的经典。特别是第一、二卷，佛陀以缜密的“七处征心、十番显见”的方式，指示出了“心”之所在，让众生认识到了宇宙生命的究竟实相，获得了对烦恼苦和生死苦的彻底解脱!

然而，由于《楞严经》文字和义理均过于艰深难懂，自古以来能够真正理解其究竟奥义者少之又少。

本书是作者自1997年起深入研究《楞严经》，经过二十年不懈参悟佛学理论的结晶。作者以现代的思维方式，拨开晦涩文字的迷雾，打开一扇直视楞严奥义的“窗口”，透视佛陀所说的“七处征心、十番显见”，以及“不生不灭”的究竟义理，希望能够为大家理解《楞严经》提供全新视角，为“明心见性”打通现代修证通路。

目录

【原文】

大佛顶如来密因修证了义诸菩萨万行首楞严经

唐天竺沙门般剌密帝译

【讲解】

首楞严是大定之总名。在《涅槃经》中，佛祖释迦牟尼自己解释首楞严时说："首楞者，名一切毕竟。严者名坚，一切毕竟而得

坚固名首楞严。”这句话的意思就是：这是一切事物的究竟彻底、坚固不坏的真理。

【原文】

卷一

如是我闻。一时，佛在室罗筏城祇桓精舍，与大比丘众千二百五十人俱，皆是无漏大阿罗汉。

【讲解】

我当时是听佛如此说的。在某一个时间，佛在室罗筏城祇桓精舍，与大比丘等一千二百五十人在一起。这些人都是已断除生死烦恼的大阿罗汉。

【原文】

佛子住持，善超诸有，能于国土成就威仪。从佛转轮，妙堪遗嘱。严净毗尼，弘范三界。应身无量，度脱众生。拔济未来，越诸尘累。

【讲解】

这些作为佛弟子的大阿罗汉们，住持佛的正法智慧，善于超越一切有为法的束缚，从而能够在世俗世界中，施行和成就佛的种种轨范、律仪！

他们跟随佛弘法利生，秉承佛的正法正念。各自戒行严净，为三界众生之师范。他们显现出种种应身化身，度化一切众生，也让未来的一切众生超越烦恼和生死苦的束缚，得到究竟解脱。

【原文】

其名曰：大智舍利弗、摩诃目犍连、摩诃拘絺罗、富楼那弥多罗尼子、须菩提、优波尼沙陀等而为上首。复有无量辟支无学，并其初心，同来佛所，属诸比丘休夏自恣，十方菩萨，咨决心疑，钦奉慈严，将求密义。

【讲解】

他们是大智舍利弗、大目犍连、大拘絺罗、富楼那弥多罗尼子、须菩提、优波尼沙陀等均为上首弟子。同时还有许多缘觉以及初发心学佛的众生，也都一同来到佛的住所，共同汇入比丘僧团中，参加夏安居期满的、由他人检举、自己悔过自新的法会。来自十方世界的菩萨们，为了决断心中的疑惑，也都恭敬侍奉慈悲严肃的如来，探求佛法的最深奥义！

【原文】

即时如来敷座宴安，为诸会中，宣示深奥，法筵清众得未曾有。迦陵仙音，遍十方界。恒沙菩萨，来聚道场，文殊师利而为上首。

【讲解】

这时候，佛祖将坐具铺好，正身安详趺坐，为在法会的众生宣讲最深奥的究竟义理。在会众生接受到佛法的启示，荡除了心中迷惑，清净了内心，获得了究竟智慧，这样的事情是从未有过的。佛祖说法的声音像是迦陵频伽鸟的鸣叫声一样美妙，传遍了十方世界！无数的菩萨在听闻后，都来参加法会，其中以文殊师利菩萨作为上首。

【原文】

时波斯匿王，为其父王讳日营斋，请佛宫掖，自迎如来，广设珍馐无上妙味，兼复亲延诸大菩萨。城中复有长者居士同时饭僧，伫佛来应。

佛敕文殊，分领菩萨及阿罗汉应诸斋主。唯有阿难，先受别请，远游未还，不遑僧次，既无上座及阿阇黎，途中独归。

【讲解】

这一天，是波斯匿王父亲的忌日，波斯匿王为积累福德，亲自迎请佛祖和诸大菩萨们到皇宫中接受供养。波斯匿王在皇宫中举办了盛大斋会，准备了丰盛无上的妙味饮食。这时，舍卫城中的长者居士们也都共同准备了斋饭饮食，等候佛祖及诸大菩萨们接受他们

的筵请。

佛祖命令文殊菩萨分领与会的大菩萨和阿罗汉到各处斋主家接受供养。只有阿难一个人，在自恣日之前，因为先前受到了别处的邀请，所以没有赶得上这次斋会。在没有德高望重的比丘和轨范师的同行下，他独自一个人归来！

【原文】

其日无供，即时阿难，执持应器，于所游城，次第循乞。心中初求最后檀越以为斋主，无问净秽，刹利尊姓及旃陀罗，方行等慈，不择微贱，发意圆成一切众生无量功德。阿难已知，如来世尊诃须菩提及大迦叶，为阿罗汉心不均平，钦仰如来开阐无遮，度诸疑谤。经彼城隍，徐步郭门，严整威仪，肃恭斋法。

【讲解】

这一天，阿难因为没有得到供斋，就持钵到所经过的城市中沿街按户乞食。他心中初求，乞食到最后一家施主就作为自己的斋主。对于这位斋主，不论对方是干净的还是污秽的，是出身高贵的还是卑贱的，都要效法佛祖，对待世人平等慈悲，不拣择种姓的卑贱，对一切众生都给予种福德的机会，发心圆满成就一切众生的无量功德！

阿难已经知道，世尊曾经斥责须菩提和大迦叶，他们作为阿罗汉，行乞时仍有舍贫就富和舍富就贫的差别，仍然不能平等对待一切众生。阿难内心十分钦仰佛祖的无量慈悲心，平等行乞，从而度脱众生的猜疑诽谤。阿难在来到城门时，整肃威仪，遵照化斋乞食的律仪，缓步进入城中。

【原文】

尔时，阿难因乞食次，经历淫室，遭大幻术。摩登伽女以娑毗迦罗先梵天咒摄入淫席，淫躬抚摩，将毁戒体。

【讲解】

这时阿难因挨户乞食，路过了一个娼妓之家，遭遇到了大幻术迷惑，被摩登伽女用娑毗迦罗先梵天咒所迷，引入寝床之上，摩登伽女诱惑抚摸阿难的身体，即将毁掉阿难的持戒之体。

【原文】

如来知彼淫术所加，斋毕旋归。王及大臣长者居士，俱来随佛愿闻法要。于时，世尊顶放百宝无畏光明，光中出生千叶宝莲，有佛化身，结跏趺坐，宣说神咒。敕文殊师利将咒往护。恶咒消灭，提奖阿难及摩登伽，归来佛所。

【讲解】

佛祖已经知道，阿难被幻术所迷惑，用斋后随即赶回住所。波斯匿王及大臣、居士也都随佛一同来到精舍，希望佛为他们说佛法精要。

这时，世尊头顶放射出百宝色的无畏大光明，光中生出千叶宝莲花，莲花中有一尊化身佛，结跏趺坐，宣说神咒。佛祖随即命令文殊师利菩萨持咒前去解救阿难。于是，恶咒顿时消失，文殊师利菩萨就将阿难与摩登伽女一同带到佛的住所。

【原文】

阿难见佛，顶礼悲泣，恨无始来，一向多闻，未全道力。殷勤启请，十方如来得成菩提，妙奢摩他、三摩、禅那最初方便。

于时，复有恒沙菩萨及诸十方大阿罗汉、辟支佛等俱愿乐闻，退坐默然，承受圣旨。

【讲解】

阿难见到佛后，顶礼佛足，悲伤哭泣起来，悔恨自己，一直以来只是听了很多佛法，而未能实证到十足道力，遭到邪咒的迷惑。阿难恳请佛祖开示，十方世界的如来所成就的无上智慧，以及修习奥妙的奢摩他、三摩钵提、禅那的最初起修方法。这时，同时有无数的菩萨、十方世界的大阿罗汉、辟支佛等，也一同恳请佛祖开示成佛的法门。大家都退回到座位上，默然静听，期待领受佛法最深奥的圣教法旨。

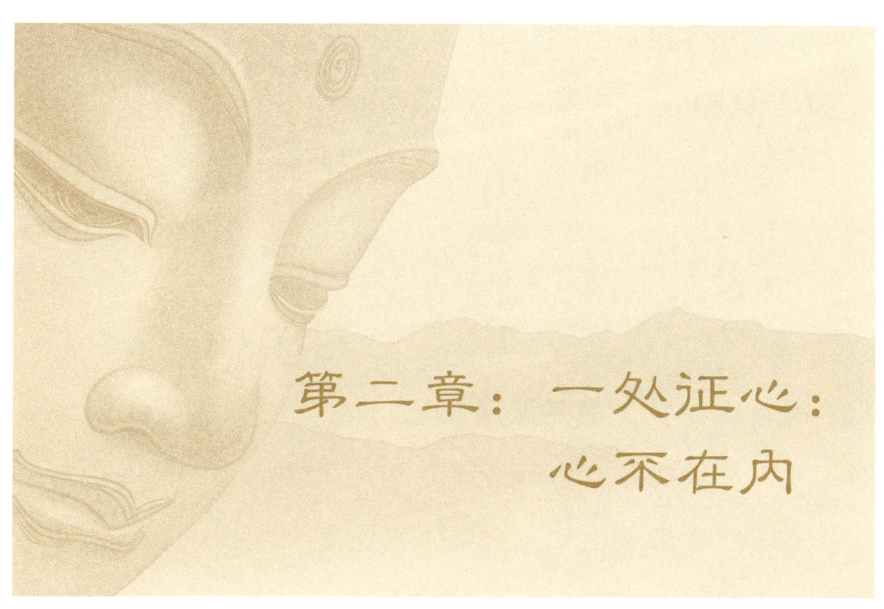

【原文】

佛告阿难："汝我同气，情均天伦，当初发心，于我法中，见何胜相，顿舍世间深重恩爱？"

【讲解】

佛问阿难："你与我源自同一血脉，在感情上如同是同胞兄弟。你当初发心出家修行，是在我的佛法中见到了什么样殊胜妙绝

的胜相，才让你决心舍弃世间父母妻儿之爱的呢？”

这一段是佛祖问阿难为什么会发心出家。

【原文】

阿难白佛：“我见如来三十二相，胜妙殊绝，形体映彻，犹如琉璃。常自思惟，此相非是欲爱所生，何以故？欲气粗浊，腥臊交遘，脓血杂乱，不能发生，胜净妙明，紫金光聚。是以渴仰，从佛剃落。”

【讲解】

阿难对佛说：“我是因为见到你殊胜妙绝的三十二相，以及像琉璃一样光辉透明的身体。由此让我常常思想，这样的庄严妙相，一定不是由世间的情欲爱恋所生。为什么呢？因为欲气粗浊，当男女交媾之时，发散着腥臊气味，脓血杂乱，绝对不能形成这样光明妙绝的，像紫磨金色光芒聚合一样的形体。因此，我十分渴仰，进而决心跟佛剃度出家。”

【原文】

佛言："善哉阿难！汝等当知，一切众生，从无始来，生死相续，皆由不知常住真心，性净明体，用诸妄想，此想不真，故有轮转。"

【讲解】

佛说："善哉阿难，你们应当知道，一切众生一直以来，轮回在生死苦中而无法获得解脱，就是因为不知道有一个常住的真心。这个真心的本性是清净光明的，一切妄想都是由这个清净光明的真心所生出。因为人们迷惑在妄想中，认为这个妄想是真实的，认为这个妄想心是自己的真心，所以才有了生死轮回。"

【原文】

"汝今欲研无上菩提，真发明性，应当直心酬我所问。十方如来，同一道故，出离生死，皆以直心；心言直故，如是乃至终始地位，中间永无诸委曲相。"

【讲解】

“你今天要想研修得到无上的最高智慧，真正发现明白真心自性，你就应该真诚地用直心来回答我所提出的问题。十方世界的一切如来，之所以得到最高觉悟，都是因为以直心直言同一修道之路而解脱生死的。”

“因为是直心直言，所以从最初发心学佛，直至最终觉悟成佛，在其中间永远没有假话、空话、套话之类迂曲委婉的说法。”

【原文】

“阿难，我今问汝：当汝发心，缘于如来三十二相，将何所见？谁为爱乐？”

【讲解】

“阿难，我现在问你：你当初发心出家，是因为看到了我的三十二种妙相，那么你当时是用什么看的？又是谁在体验喜爱快乐呢？”

【原文】

阿难白佛言："世尊，如是爱乐，用我心目。由目观见如来胜相，心生爱乐！故我发心，愿舍生死。"

【讲解】

阿难回答："我这样的喜爱和快乐是用我的心和眼感受到的。因为用眼睛看见了您的胜相，然后在心里就生起了爱乐，因此让我发心出家，希望能够断离生死轮回。"

【原文】

佛告阿难："如汝所说，真所爱乐，因于心目。若不识知，心目所在，则不能得，降伏尘劳。譬如国王，为贼所侵，发兵讨除。是兵要当，知贼所在。使汝流转，心目为咎。吾今问汝，唯心与目，今何所在？"

【讲解】

佛祖告诉阿难说：“就如同你所说的那样，真正生起喜爱和快乐的是你的心和眼，假若不知道心和眼所在，就不能降服世间的尘劳烦恼。这就如同是，一个国王被贼人所侵袭，他要想发兵剿除，首先就要知道贼人所在的位置。既然导致你流转生死的，是心和眼的误导。那么，我今天问你，你知道心和眼在哪里吗？”

【总结】

阿难被文殊救回，悔恨虽然听了很多佛法，但是没有实修实证，因而被恶咒所迷，然后祈请佛祖开示成就最高觉悟的最初修证方法。

佛祖就问阿难：“你当初能够舍弃世间恩爱，发心出家，是看到了什么胜相呢？”

阿难回答：“我是见到了您的三十二相，心生爱乐，由此发心出家。”

佛祖说：“你说看到了我的三十二相，那么我问你，是谁在看？又是谁在体验爱乐？”

阿难回答：“用来看的是我的眼睛，产生喜爱快乐的是我的心。”

佛祖开宗明义，告诉阿难："让你看到这个世界的实际上不是眼睛，而是你的真心。让你体验快乐的心也只是一个虚妄不实的妄心。一切众生之所以无法降服烦恼尘劳以及无法解脱生死，就是认为自己的妄想心是真实的，因而贪执在妄心的欲望中，甚至在妄想心中找一种修持解脱生死的方法。"

进而对阿难说："而你今天要想降服烦恼，解脱生死轮回，唯一的方法就是认识到什么是妄心，什么是真心。"

接下来，佛祖就通过"七处征心，十番显见"的缜密引导，让阿难认识到真正的真心究竟是什么，以及在哪里。

【原文】

阿难白佛言："世尊！一切世间十种异生，同将识心居在身内。纵观如来青莲华眼，亦在佛面。我今观此浮根四尘，只在我面。如是识心，实居身内。"

【讲解】

阿难对佛回答："世尊！世界中的一切生命，他们的心都在他

们的身体之内。纵观如来的青莲花眼，也是长在您的面部之上的。我现在观察我的眼睛也是长在我的脸面上的。而我的可以识别一切物象的心，是在我的身体之内的。”

【原文】

佛告阿难：“汝今现坐如来讲堂，观祇陀林今何所在？”“世尊！此大重阁清净讲堂，在给孤园。今祇陀林实在堂外。”

【讲解】

佛问阿难：“你现在坐在这个大讲堂之中，观看祇园中的树木，现在在什么地方？”阿难回答：“世尊！这个重阁大讲堂在给孤独园中，祇园中的树木在讲堂之外。”

【原文】

“阿难，汝今堂中，先何所见？”“世尊！我在堂中，先见如来，次观大众。如是外望，方瞩林园。”

【讲解】

佛祖问：“阿难，你现在在讲堂之中，你会先看到什么？”

阿难答：“世尊！我现在在讲堂之中，我先看见如来，其次看到大众比丘，然后再向外观看，才看到祇园和树林。”

【原文】

“阿难，汝瞩林园，因何有见？”“世尊！此大讲堂，户牖开豁，故我在堂，得远瞻见。”

【讲解】

佛祖问："阿难，你看到远处的林园，是怎么看到的？也就是你为什么会看到远处的林园呢？"

阿难答："世尊！因为这个大讲堂的门窗是通畅开阔的，所以让我可以看到远处的林园。"

【原文】

尔时，世尊在大众中，舒金色臂摩阿难顶，告示阿难及诸大众："有三摩提，名大佛顶首楞严王，具足万行，十方如来，一门超出，妙庄严路。汝今谛听。"阿难顶礼，伏受慈旨。

【讲解】

这时，世尊在大众中伸出金色的手臂，抚摸阿难的头顶，告示阿难以及大众说："有三摩提，名究竟彻底、坚固的大定之王，总摄一切修道方法。十方世界的一切如来，都是由这一奥妙庄严之门，超脱生死苦海，证得最高智慧的。你今天认真仔细听好！”

阿难向佛祖顶礼，聆听佛的慈悲指示。

【原文】

佛告阿难：“如汝所言，身在讲堂，户牖开豁，远瞩林园。亦有众生在此堂中，不见如来，见堂外者？”

【讲解】

佛对阿难说：“就如你所说的那样，你的身体在讲堂之中，因为门窗都是通畅开阔的，所以让你可以看到远处的林园。那么我问你，是否有这样的众生，他在讲堂之中看不到我，而却能够看到讲堂之外的树林呢？”

【原文】

阿难答言：“世尊！在堂不见如来，能见林泉，无有是处。”

【讲解】

阿难回答："世尊！如果说在讲堂之中看不到如来，而只能看到讲堂外的树林和泉水，这样的事情是不存在的。"

【原文】

"阿难，汝亦如是。汝之心灵，一切明了。若汝现前，所明了心实在身内，尔时先合了知内身。颇有众生，先见身中，后观外物？纵不能见心肝脾胃，爪生发长，筋转脉摇，诚合明了，如何不知？必不内知，云何知外？是故应知，汝言觉了能知之心，住在身内，无有是处。"

【讲解】

佛祖说："你也是这样的。你的心灵，对面前存在的一切事物都能够看得清楚明了。如果你的心灵在你的身体之内，就应该先看到身体之内的一切。那么是否有这样的人，他先看到身体内的一切，然后再看到身体外的一切事物呢？纵然他不能够看到自己的心肝脾胃，他也应该看到自己指甲的生长、头发的长长、扭转的筋脉、血液的流动，这些他都应该是清楚明了的吧？然而他为什么却又看不到呢？如果他连身体之内的一切事物都不知道，又怎么能知道身体之外的事物呢？因此，你说你的能知能觉的心在身体之内，这样的认识是错误的。”

【总结】

在这一段中，阿难认为让自己轮回生死的“心”在自己的身体之内。佛祖用了一个类比来破阿难的错误认识。

这个类比很简单，佛祖对阿难说，你在讲堂之中是先看到我的，然后再看到讲堂外的树林的。同样道理，假设心在你的身体之内，那么心在向外看的时候，它应该先看到身体之内的心肝脾胃，然后才看到身体之外一切的物象。因为世界上没有一个人是先看到身体之内的心肝脾胃，然后才看到外在世界一切物象的，所以“认为心在身体之内”的认识是错误的。

【原文】

阿难稽首而白佛言："我闻如来如是法音，悟知我心实居身外。所以者何？譬如灯光然于室中，是灯必能先照室内，从其室门，后及庭际。一切众生，不见身中，独见身外。亦如灯光，居在室外，不能照室。是义必明，将无所惑。同佛了义得无妄耶？"

【讲解】

阿难向佛顶礼说："我听到如来这样的开示，因而认识到，原来我的心在我的身体之外。为什么呢？这就像一盏灯点燃在房室之中，灯光一定是先照亮房屋内的一切物象，然后再照亮房门，最后照亮庭院之中。同样道理，一切众生之所以无法看到身体内的心肝脾肺，而只能看到身体外的一切物象，就像是一盏灯被点燃在房室之外，而无法照见房屋中的一切物象。这个道理已经很清楚明了了，不存在疑惑了。这与佛所说的究竟了义应该是一样的吧？"

【原文】

佛告阿难："是诸比丘，适来从我室罗筏城，循乞抟食，归祇陀林。我已宿斋。汝观比丘，一人食时，诸人饱不？"阿难答言："不也，世尊！何以故？是诸比丘，虽阿罗汉，躯命不同，云何一人能令众饱？"

【讲解】

佛对阿难说："这些比丘，刚才跟随我从室罗筏城一路乞食回到祇陀林。我已经吃过斋饭了。我问你，你看这些比丘们，只让他们当中一个人吃饭，其他人是否都同时得到饱食呢？"

阿难回答说："不会。为什么呢？这些比丘虽然都是阿罗汉了，但是每个人的身体是不同的，因此一个人吃饭，又怎么能让其他人跟着得到饱食呢？"

【原文】

佛告阿难："若汝觉了知见之心，实在身外，身心相外，自不相干。则心所知，身不能觉。觉在身际，心不能知。我今示汝兜罗绵手，汝眼见时，心分别不？"阿难答言："如是，世尊！"

佛告阿难："若相知者，云何在外？是故应知，汝言觉了能知之心，住在身外，无有是处。"

【讲解】

佛于是对阿难说："如果你那个能知能觉的心，真是在身体之外的话，身体与心就各不相干了。二者不相干所带来的结果是，在心里有了一个觉知，身体是不会同时感知到的。在身体上产生出一个感觉，心里也不会同时知道这个感觉。那么，现在我举起手，你的眼睛看见时，你的心里同时产生分别了吗？"

阿难回答："是的。世尊！我的心里同时产生了分别。"

佛说："假设你的眼睛看到时，心里同时产生了分别了知，那么你又怎么能说，你的心是在身体之外的呢？因此，你根据这个道理应该知道，你那个能知能觉的心在你身体之外的认识是错误的。"

【总结】

阿难第二次的追问是，既然心不在身体之内，那么就在身体之外了。然后阿难用了一个类比说，这就像是，如果一盏灯在房间里的话，那么灯光是先照到房间内的一切物象，然后才依次照到门窗和房屋外的庭院树木的。如果这盏灯是在房屋外的话，就只能照到房屋外的一切物象，而无法照到房屋内的物象。同样道理，一个人的心之所以看不到身体之内的肝胆脾胃，根本原因是心在身体之外。所以结论就是“心”在身体之外。

佛祖用了一个类比驳斥了阿难的错误认识。佛祖说，在现场的大众中，因为每个人的身体都是各不相干的，所以一个人吃饱了饭是不可以让其他人同时得到饱食的。同样道理，当我晃动我的手时，你的眼睛看到了，心里就产生出了分别思想。所以，你的心与身不是不相干的。因此，你认为“你的心在身体之外，心与身是分离的”，这是错误的认识。

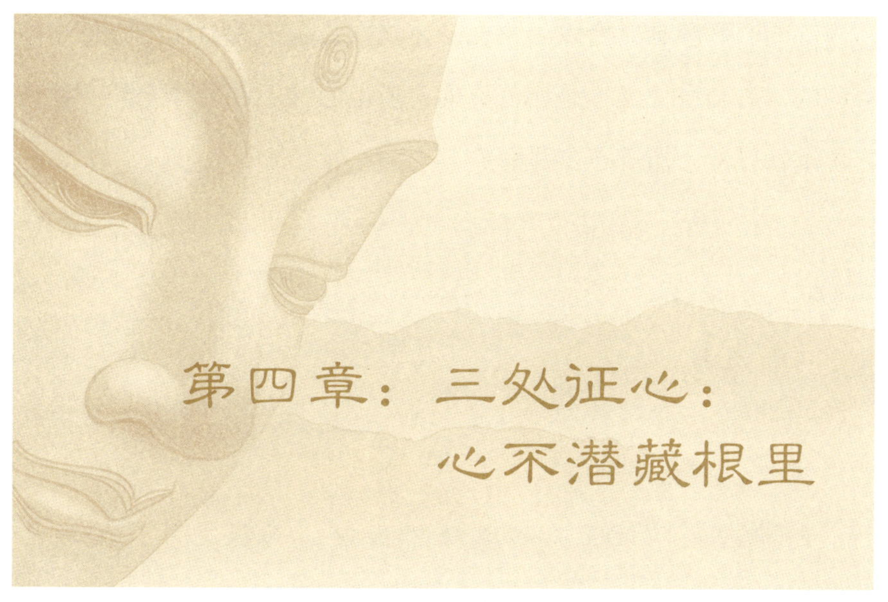

【原文】

阿难白佛言："世尊，如佛所言，不见内故，不居身内；身心相知，不相离故，不在身外。我今思惟，知在一处。"

【讲解】

阿难对佛说："世尊，就像您说的那样，因为无法见到自己身

体内部的心肝脾肺，所以心不在身体之内；又因为身体与心是一体感应的，心与身体又不是相分离的，所以心又不在身体之外。我现在再重新思考，知道心在哪里了。”

【原文】

佛言：“处今何在？”

阿难言：“此了知心，既不知内，而能见外，如我思忖，潜伏根里。犹如有人，取琉璃碗合其两眼，虽有物合，而不留碍；彼根随见，随即分别。然我觉了能知之心，不见内者，为在根故；分明瞩外，无障碍者，潜根内故。”

【讲解】

佛问道：“那你认为心在哪里呢？”

阿难回答：“这个能知能觉的心，既然是无法看到身体的内部情况，而只能看到身体之外的世界，那么我推测它应该是潜藏在眼根里的。用个比喻说，就如同有一个人，用琉璃碗扣在两只眼睛上。虽然眼睛前面有琉璃碗，但是因为琉璃碗是透明的，所以也不会阻挡眼睛看见外面的世界。

“同样道理，眼睛是透明的，而心则潜藏在眼睛里，心随着眼睛所看到物象，随即做出种种的分别。”

“我的能知能觉的心之所以无法见到身体之内，是因为心潜藏在眼睛里；心之所以能够分别了知外在的一切事物而没有遮障，是因为心潜藏在眼睛之中向外看的缘故。”

【原文】

佛告阿难：“如汝所言，潜根内者犹如琉璃，彼人当以琉璃笼眼，当见山河，见琉璃不？”“如是，世尊！是人当以琉璃笼眼，实见琉璃。”

佛告阿难：“汝心若同琉璃合者，当见山河，何不见眼？若见眼者，眼即同境，不得成随。若不能见，云何说言此了知心，潜在根内，如琉璃合？是故应知，汝言觉了能知之心，潜伏根里，如琉璃合，无有是处。”

【讲解】

佛对阿难说：“就如同你所说的那样，心潜藏在眼睛里面的情

况就如同是眼睛罩上了琉璃碗那样。那么我现在再问你，当一个人的眼睛罩上了琉璃碗时，他透过琉璃碗看到了山河大地，那么他是否也会同时看到琉璃碗呢？”

阿难回答：“是的。世尊！如果这个人用琉璃碗罩在眼睛上向外看，他是可以看到琉璃碗的。”

佛对阿难说：“如果你的心潜藏在你的眼睛里就像是眼睛前面罩上了琉璃碗一样，那么当心向外看到山河大地时，为什么看不到眼睛呢？如果说心看到了眼睛，那么眼睛就是与心相对立的外在境象了，这样就不能说心是潜藏在眼睛里，随着眼睛的看见而随之做出分别了知的。”

“如果说心看不到琉璃碗，而你又怎么能说心是潜藏在眼睛里呢？因此阿难你应该知道，你说这个能知能觉的心潜藏在眼睛里像是眼睛罩上了琉璃碗一样的认识是错误的。”

【总结】

第一，如果说心潜藏在眼睛里，那么心就应该是可以看到眼睛的。如果心能够看到眼睛，那么眼睛就是心前面的物象了，眼睛与心就是两个独立的事物，这样就不能说心是潜藏在眼睛里而随着眼睛的看见做出了知分别。

第二，如果说心无法看到眼睛，就不能说心潜藏在眼睛里就像是眼睛藏在琉璃碗后面一样。

由此得出结论：心潜藏在眼睛里的认识是错误的。

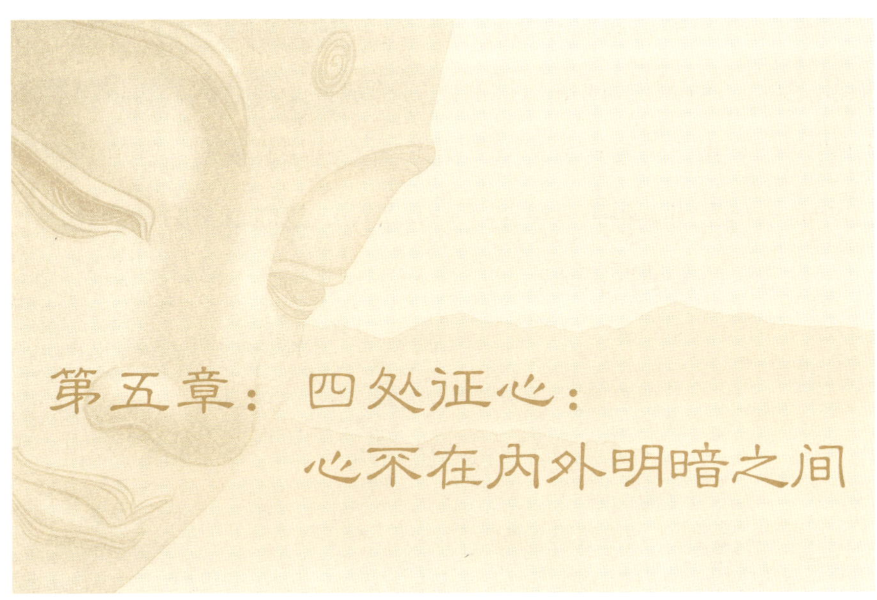

第五章：四处证心：心不在内外明暗之间

【原文】

阿难白佛言："世尊！我今又作如是思惟，是众生身，腑藏在中，窍穴居外。有藏则暗，有窍则明。今我对佛，开眼见明，名为见外；闭眼见暗，名为见内。是义云何？"

【讲解】

阿难对佛说："世尊！我现在再作思考，众生的身体，五脏六腑在身体之中，眼耳鼻舌等窍穴在身体的表面。因为在身体的脏腑之内，所以是黑暗的。而有窍穴的地方是通达的，所以就是光明的。今天我面对着佛，当我张开眼睛看到了光明时，就称为看到了外面；当我闭上眼睛就看到了一片黑暗，这时就称为看到身体之内。我这样理解是否正确？”

【原文】

佛告阿难：“汝当闭眼见暗之时，此暗境界为与眼对？为不对眼？若与眼对，暗在眼前，云何成内？若成内者，居暗室中，无日月灯，此室暗中，皆汝焦腑。若不对者，云何成见？”

【讲解】

佛祖对阿难说：“当你闭上眼睛看到黑暗的时候，这个黑暗现象是在你的对面呢？还是不在你的对面？”

第一，黑暗在眼睛的对面。

1.假设是黑暗在你的对面，那么黑暗就在你的眼前了。黑暗既然在你的眼前，又怎么能说黑暗是在你的身体内部呢？

2.如果说你看到了黑暗，黑暗就等同是在你的身体之内了，那么当你处在一间黑暗房屋之中时，难道说房屋中的一切就都是你的五脏六腑了吗？

第二，黑暗不在眼睛的对面。

如果黑暗不在眼睛的对面，而你又怎么能够看见黑暗呢？

【原文】

“若离外见，内对所成，合眼见暗，名为身中，开眼见明，何不见面？”

【讲解】

“如果说你看到了黑暗，是离开了你与黑暗相对的情况，也就是说，当你看到了黑暗时，黑暗不是在你面前的，而是你的眼睛可以反转反观向身体内部去看到黑暗。若离外见，内对所成：离开了向外去看，而是可以反转反观向内去看。”

“那么当你闭上眼睛，眼睛反观看到黑暗的时候，就称为见到身体之内了，可是当你睁开眼睛，为什么你的眼睛却无法再反观回来看到你的脸面呢？”

【原文】

“若不见面，内对不成。”

【讲解】

不见面：“假若你的眼睛不能反转回来看到你脸面，那么说闭上眼睛，眼睛可以反转回来看到黑暗的这个事也是不存在的，即内对这个事是不成立的。”

【原文】

“见面若成，此了知心及与眼根，乃在虚空，何成在内？”

【讲解】

见面：“假设你睁开了眼睛真的可以反观回来看到你的脸面，那么你的了知心与眼睛岂不是悬挂在虚空之中了吗？而这又怎么能说心与眼睛是在身体之内的呢？”

【原文】

“若在虚空，自非汝体，即应如来今见汝面，亦是汝身？”

【讲解】

“假若你的心与眼睛是在你的身体之外的虚空中，自然它们就已不是你的身体了。如果你还是固执说，心与眼睛即便是悬挂在虚空中也是你的身体，那么我现在在你的面前，难道我也是你的身体了吗？”

【原文】

“汝眼已知，身合非觉。”

【讲解】

“假设你的心与眼睛真的可以悬挂在虚空中，可以看到自己的脸面，那么你的眼睛看到了，也就有了觉知，而你的身体就应该不存在任何的觉知能力。可是真实情况是，你的身体还是有觉知能力的。”

【原文】

“必汝执言，身眼两觉，应有二知，即汝一身，应成两佛。”

【讲解】

“如果你还是固执地说，身体与眼睛可以是分开的，可以成为两个个体的觉知，那么你就应该有两个知觉的本体了。如果是这样，你阿难一个人身体就可以修成两个佛了。而一个人是不可能修成两个佛的。”

【原文】

“是故应知，汝言见暗，名见内者，无有是处。”

【讲解】

“因此，你应该知道，你说看到黑暗时就称为见内的认识是错误的。”

【总结】

第四次征心，阿难认为：心既不在身内，也不在身外，也不在眼根里，那么当睁开眼睛看到外面就称为看见了身体之外，闭上眼睛看见黑暗就称为看见了身体的内部。

佛祖就问阿难：第一，你说闭上眼睛看到了黑暗就称为看见了身体之内。那么我问你：你说看到了黑暗，黑暗是在你眼睛的前面，还是不在你眼睛前面？

假设黑暗在你眼睛前面，又怎么能说黑暗在你的身体之内呢？如果你非得说看到了黑暗就是看到了身体之内，那么当你处在黑暗的房屋中，难道整个房屋都是你的身体之内了吗？显然这是错误的。假设黑暗不在你的眼睛的前面，又怎么能称为看见呢？

第二，假设眼睛可以不再向外看所对立的事物，而是眼睛可以反转回来向内看所对立的事物，那么当闭上眼睛，眼睛反观回来看到黑暗时，为什么当睁开眼睛后，眼睛却无法再反转回来看到自己的脸面呢？如果看不到自己的脸面，那么眼睛可以反转回来看到身体内部黑暗的这个事情就是不成立的。

第三，退一步讲，假设你的眼睛真的可以反转回来看到自己的脸面，那么你的眼睛和你能知能觉的心就是悬挂在虚空中了，如果眼睛与心悬挂在虚空中，又怎么能说其在身体的内部呢？

再者说，心与眼睛假设真的悬挂在虚空中了，心与眼睛就不是你的身体了。假设你非要执着认为悬挂在虚空中的心眼也是你的身体，那么现在我在你的面前，难道我也是你的心眼了吗？显然这是错误的。而且，你心眼悬挂在虚空中是有觉知能力的，而你的身体就应该是没有觉知能力的事物了。但事实情况是，你的身体现在还是有觉知能力的。

如果你还是固执地认为，身体也是存在着觉知能力的，那么你就有了两个能知能觉的主体了，这样你一个人就可以修证成两个佛了。显然这是不可能的。因此，你说看见黑暗就是看到了身体内部的认识是错误的。

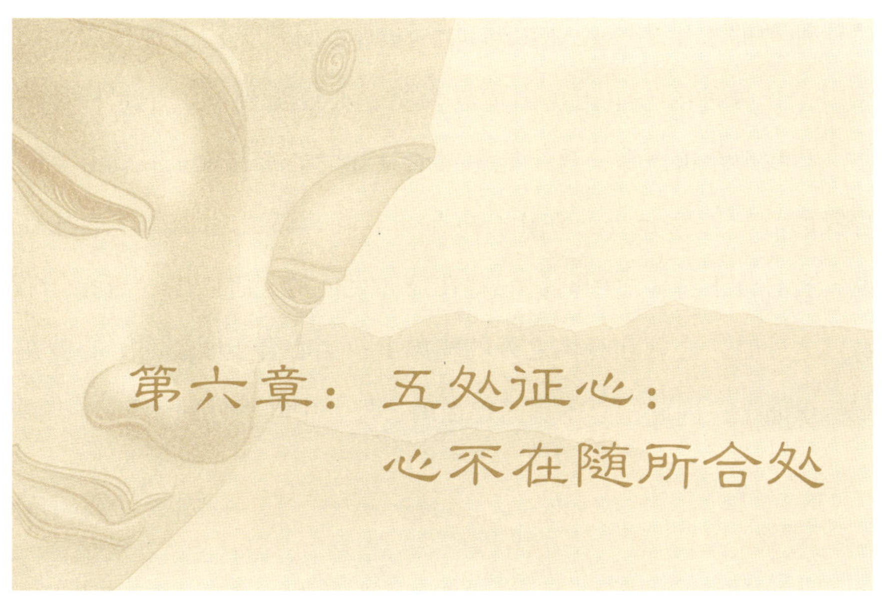

第六章：五处证心：心不在随所合处

【原文】

阿难言："我尝闻佛开示四众，由心生故，种种法生，由法生故，种种心生。我今思惟，即思惟体，实我心性。随所合处，心则随有。亦非内、外、中间三处。"

【讲解】

阿难说："我常常听到佛开示四众弟子时说：由心生的原因，

而让种种的法生出（由业识转动，法随心而起），由种种法生的原因，让种种的心生出（由境界为缘，心逐流外境又生起种种的心）。我现在再思考，这个能思维能觉知的心实在就是我的心。随着我的心与外物相合，在相合的地方，心就随之生出来了。比如说，当心合于身体之中时，心就在身体之内的五脏六腑；当心合于身体之外时，心就在身体之外的物象上；当心合于眼睛时，心就在眼睛里面了；因此，心不是固定在内、外、中间三处的。”

【原文】

佛告阿难：“汝今说言，由法生故，种种心生，随所合处，心随有者。是心无体，则无所合，若无有体而能合者，则十九界因七尘合，是义不然。”

【讲解】

佛对阿难说：“你今天说，因为法生的原因，让种种的心生出来了。随着与外在物象相合的地方，心随之就生出来了。”

“如果心没有一个自体的话，就不会发生相合的事情。如果说一个没有自体的心而能发生与外界相合，这就如同是说十九界与七尘相合，所以这种认识是错误的。”

【原文】

“若有体者，如汝以手，自挃其体，汝所知心，为复内出，为从外入？若复内出，还见身中；若从外来，先合见面。”

【讲解】

“假设心有一个自体的存在，那么如果你用手去触摸身体，这时这个能知能觉的心是从身体之中出来的呢？还是从身体之外进入的呢？如果是从身体内部而出，心就应该先看到身中的五脏六腑；如果是从外面而进入的，那么心就应该是先看到自己的脸面。”心既然看不到你身体的五脏六腑，也无法见到自己的脸面，又怎么能说心有一个体性呢？

【原文】

阿难言："见是其眼，心知非眼，为见非义。"

【讲解】

阿难回答说："看见的是眼睛在看，心的功能是知觉能力，所以您说心能看见是不正确的。"

【原文】

佛言："若眼能见，汝在室中，门能见不？则诸已死，尚有眼存，应皆见物；若见物者，云何名死？"

【讲解】

佛祖说："你说看见世界的是眼睛的能力，那么我问你，假设把房门比喻成你的眼睛，而你阿难在房屋之中比喻成心，那么你在房屋之中时，难道是门看见外部世界的吗？再者说，如果不是心在看见，而是眼睛具有看见的能力，那么一个人死了，眼睛还是存在的。如果说，他的眼睛还是可以看见这个世界，又怎么能说这个人已经死了呢？”

【原文】

“阿难，又汝觉了能知之心，若必有体，为复一体，为有多体？今在汝身，为复遍体，为不遍体？”

【讲解】

“再进一步说，阿难，你那个能知能觉的心，如果有一个自体的话，那么它是有一个自体呢，还是有多个自体？现在它在你的身体中是遍布于整个身体上的，还是不遍布于整个身体上的？”

【原文】

“若一体者，则汝以手挃一肢时，四肢应觉。若咸觉者，挃应无在。若挃有所，则汝一体，自不能成。”

【讲解】

“假设你的心是一个整体，那么当触摸你身体中一个肢体时，你的整个人体四肢就应该同时都有被触摸到的感觉。如果你的整个身体的四肢都有被触摸到的感觉，那么就无法确定在你的身体上的哪个肢体被触摸到了。如果可以确定出一个肢体被触摸到了，那么说心是遍布你整个身体的假设就是不成立的。”

【原文】

“若多体者，则成多人，何体为汝？”

【讲解】

“如果你的心有多个自体，那么在你身上就有多个能知能觉的心了。因为一个人只能有一个能知能觉的心，由此多个心就成了多个人了。如果是这样，哪个心体又是你阿难本人呢？”

【原文】

“若遍体者，同前所拄。若不遍者，当汝触头，亦触其足，头有所觉，足应无知，今汝不然。是故应知，随所合处，心则随有，无有是处。”

【讲解】

“如果说你的心是遍布整个身体的，这与前面所说的一体的情况一样，是错误的。如果说你的心不是遍布整个身体的，当触摸你的头的同时触摸你的脚，头有知觉，脚就不应该再存在知觉。而实际情况不是这样的，当触摸你的头的同时触摸你的脚，你的头和脚是同时有觉知的。”

“因此你应该知道，你说心随着与外物相合而随之生出种种的心，这样的认识是错误的。”

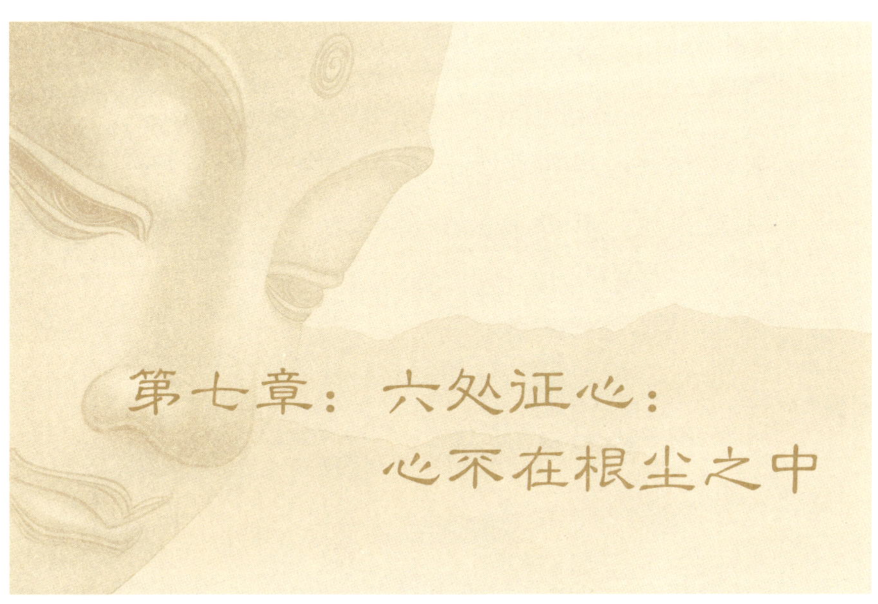

【原文】

阿难白佛言："世尊！我亦闻佛与文殊等诸法王子，谈实相时，世尊亦言，心不在内，亦不在外。"

【讲解】

阿难对佛说："世尊！我听您与文殊等弟子们谈论实相时，世尊也曾说：心不在身内，也不在身外。"

【原文】

“如我思惟，内无所见，外不相知。内无知故，在内不成。身心相知，在外非义。今相知故，复内无见，当在中间。”

【讲解】

“因此我现在再思考，如果说心在身体内，心又看不见五脏六腑。如果说心在身体之外，心与身就是相互分离的，心与身就应该无法感知到对方。因此，因为在内无法见到五脏六腑，所以心不在身体之内。又因为心与身是互通感知的，所以说心在身体之外是不成立的。”

“因为心与身是相互知觉的，而心又不在身体之内，那么我现在认为心应该在中间。”

【原文】

佛言：“汝言中间，中必不迷，非无所在。今汝推中，中何为在？为复在处？为当在身？”

【讲解】

佛说：“你说在中间，中间不是说没有一个地方所在。那么你现在推论的这个中间，中间到底在哪里呢？是在你的身体之外的一个地方，还是在你的身体上呢？”

【原文】

“若在身者，在边非中，在中同内。”

【讲解】

“如果说在身上，那么假设说在皮肤上，在皮肤上是不能说中间的。如果说在身体之中，这又等于说在身体内部了。”

【原文】

“若在处者，为有所表？为无所表？无表同无，表则无定。”

【讲解】

“如果说在身体之外，那么到底有没有一个指示呢？如果说无法指示出来，这就等于什么都没有。如果能够被指示出来，所谓‘中间’就没有一定的所指。”

【原文】

“何以故？如人以表，表为中时，东看则西，南观成北，表体既混，心应杂乱。”

【讲解】

“为什么呢？因为假设你去标记，当你标记出一个地方时，从东方看，这个地方就是西方，而不是中间。从南方看这个地方就是北方，也不是中间。那么能去标示方向的体性既然都是混乱而不定的，所标记出的中间的心，也是杂乱而无一定处所的。”

【原文】

阿难言：“我所说中，非此二种。如世尊言，眼色为缘，生于眼识，眼有分别，色尘无知，识生其中，则为心在。”

【讲解】

阿难争辩道：“我所说的中间，不是在身之外，也不是在身体之内。就如世尊所说，眼睛与色尘相互为因缘，眼识生于其中。眼睛是有分别能力的，而外在的色尘是无知无觉的。在眼睛与色尘相接触的地方，就是心所在的中间。”

【原文】

佛言："汝心若在根尘之中，此之心体，为复兼二？为不兼二？"

【讲解】

佛说："你的心既然在眼睛与色尘之中，那么这个心体是同时兼具二者之体，还是不同时兼具二者之体？"

【原文】

"若兼二者，物体杂乱，物非体知，成敌两立，云何为中？"

【讲解】

"如果说心体是兼具二者的，那么无知觉的物象与有知觉的眼睛就相互杂乱在一起了。物象是无知无觉的，眼睛是有知有觉的，二者本质上是不同的，二者是相互对立的，所谓的中间又在二者的哪里呢？”

【原文】

“兼二不成，非知不知，即无体性，中何为相？是故应知，当在中间，无有是处。”

【讲解】

“因此不能说心是兼具二者的。如果不能兼具二者，心既不在有知觉的眼睛之中，也不在无知觉的色尘之中，心本身又没有一个体性的存在，而你所说的中间就没有一个形象的存在。所以你应该知道，你所说的心在根尘的中间是错误的。”

【总结】

佛祖告诉阿难，心不在身体之内，不在身体之外，也不在眼睛里面，不在见明见暗，也不在与事物相合的地方。这时阿难就说，那么心就应该是在眼睛与外物接触时的“中间”。佛祖说，你说心在中间，如果说心兼具有知觉的眼睛和无知觉的事物的二者体性，那么物体就杂乱了。如果说不兼具二者的体性，所谓的中间就没有一个具体的形象位置。

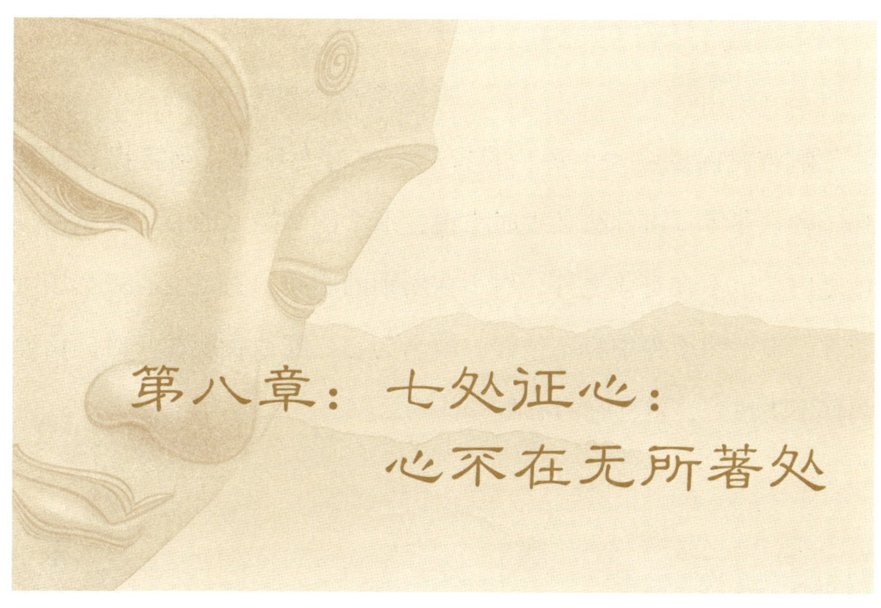

【原文】

阿难白佛言："世尊！我昔见佛与大目连、须菩提、富楼那、舍利弗，四大弟子，共转法轮，常言觉知分别心性，既不在内，亦不在外，不在中间，俱无所在，一切无著，名之为心。则我无著，名为心不？"

【讲解】

阿难对佛说："世尊！我曾经听您与大目连、须菩提、富楼那、舍利弗等宣讲佛法义理时常说：那个能知能觉的心，既不在身体之内，也不在身体之外，更不在所谓的中间，它是没有一个场所所在，在一切境界中都不住着，就名为心。那么我现在，对一切境界都不去执着，就称它为心吗？"

【原文】

佛告阿难："汝言觉知分别心性，俱无在者。世间虚空，水陆飞行，诸所物象，名为一切。"

【讲解】

佛对阿难说："你说你那个能知能觉的心性，不住着一切场所之中就名之为心。那么我问你，在世间的虚空中，水中的一切事物，陆地上的一切事物，空中飞行的一切事物，这一切的物象就称之为一切。"

【原文】

“汝不著者，为在为无？无则同于龟毛兔角，云何不著？”

【讲解】

“你说你不住着在这一切上，那么是什么样的不住着呢？我问你，你说的不住着，是心离开了一切物象，另外有一个单独的存在，然后这个心不住着在一切物象上吗？还是说你的心是离开一切物象的，根本就没有一个体性的存在，就称之为不住着呢？”

“如果说你的心离开了一切物象什么都没有，那么这个心就等同于本来就不存在的乌龟的毛和兔子的角一样。既然什么都没有，又有什么不住着可言呢？”

【原文】

“有不著者，不可名无。无相则无，非无即相，相有则在，云何无著？是故应知，一切无著，名觉知心，无有是处。”

【讲解】

“如果你说有一个不去住着的心，就不能说什么都没有。如果说‘心’没有一个形象，即，如果说彻底的什么都没有，那么就不能再去说‘不住着一切’这个事。如果不是什么都没有，心就应该是存在一个形象。既然有一个心的形象，就是有住着的。如果是有住着，又怎么能说一切都无住着呢？”

“因此你应该知道，你说一切不住着就名为能知能觉的心，这样的认识是错误的。”

【原文】

尔时，阿难在大众中即从座起，偏袒右肩，右膝著地，合掌恭敬，而白佛言：“我是如来最小之弟，蒙佛慈爱，虽今出家，犹恃憍怜，所以多闻，未得无漏，不能折伏娑毗罗咒，为彼所转，溺于淫舍，当由不知真际所诣。惟愿世尊，大慈哀愍，开示我等奢摩他路，令诸阐提，隳弥戾车。”

作是语已，五体投地，及诸大众，倾渴翘伫，钦闻示诲。

【讲解】

这时，阿难在大众中，从座位上站起来，偏袒右边的肩膀，右膝跪在地上，双手合掌，向佛说道：

“我是如来最小的弟弟，一直蒙受佛的慈悲爱护，今天虽然出家，仍然仰仗着佛对我娇怜，所以虽然听了很多佛法，但是也没有证得无漏的圣果，未能折伏娑毗罗咒，被其咒语所迷惑，陷于淫舍之中，其根本原因是我不知道真心所在。唯望世尊能够发大慈悲心，怜悯我等众生，指示出我等众生修习奢摩他正定之路，同时让那些断善根者、堕落的邪知邪见修行者都能生起正信正念。”

阿难说完后，再次五体投地向佛祖礼拜，与在会的大众一起，抱着仰慕崇敬，渴望着聆听佛祖的开示教诲。

【原文】

尔时，世尊从其面门放种种光。其光晃耀，如百千日，普佛世界六种震动，如是十方微尘国土一时开现。佛之威神令诸世界合成一界，其世界中所有一切诸大菩萨，皆住本国，合掌承听。

【讲解】

这时，世尊从其面门放射出种种的光芒。光芒的晃耀就犹如千百个太阳，普照诸佛世界都发生了六种震动，这时十方世界的如同微尘那么多的国度都显现出来了。佛以威力让这些世界合成一个大世界，在这个大世界中，所有的一切菩萨，都住在自己的国度当中，合掌恭听佛祖讲法。

【原文】

佛告阿难："一切众生从无始来种种颠倒，业种自然，如恶叉聚。"

【讲解】

佛祖对阿难说："一切众生从恒久以来，迷失了对真心的认知，产生出了种种的颠倒的认识。由迷惑造业，熏习成种子，自然遭受到果报，这样由惑造业，由业遭果，三者相互关联就像是恶叉聚的果子一样。"

【原文】

“诸修行人不能得成无上菩提，乃至别成声闻缘觉，及成外道、诸天魔王及魔眷属，皆由不知二种根本，错乱修习。犹如煮沙，欲成嘉馔，纵经尘劫，终不能得。”

【讲解】

“那些诸多修行的人之所以不能证得最高觉悟，以至成为了声闻众、缘觉众，甚至堕入外道、魔王及其眷属，其根本原因是不知道二种根本，而错修错练。这样的错误修习就犹如是煮沙子，想做成美味饮食一样。即便是经过了像微尘那么多劫数的时间，也无法最终修成正果。”

【原文】

“云何二种？阿难，一者无始生死根本，则汝今者与诸众生用攀缘心为自性者。二者无始菩提涅槃元清净体，则汝今者识精元明，能生诸缘，缘所遗者。由诸众生，遗此本

明，虽终日行，而不自觉，枉入诸趣。阿难，汝今欲知奢摩他路，愿出生死。今复问汝。”

【讲解】

“是哪两种根本呢？第一种就是恒久以来的一切众生之所以会陷入生死轮回的根本。这个根本就是你与诸多众生错误地认为攀缘心就是自己的真心自性。”

“第二种根本就是恒久以来的一切众生本来就具有菩提涅槃清净光明的本体，这个光明之体就是你现在正在用来识别一切现象的本体；这个本体就是生起一切生灭无常的万缘事物，在一切生灭无常的万缘事物变灭后，所遗留下的那个东西。”

“因为一切众生遗失了对这个本来清净光明的本体的认识，虽然每天造作修行各种修法，而不自我觉知到这个本体，结果就枉然地陷入各种无用的修法和生死轮回中。阿难，你今天要想知道奢摩他大定之路，愿意出离生死苦海，我现在问你。”

【原文】

即时如来举金色臂，屈五轮指，语阿难言："汝今见不？"

阿难言："见。"

佛言："汝何所见？"

阿难言："我见如来举臂屈指，为光明拳，耀我心目。"

佛言："汝将谁见？"

阿难言："我与大众，同将眼见。"

【讲解】

这时如来举起金色的手臂，将手指屈握为拳头，对阿难说："你现在看到我的拳头了吗？"

阿难回答："看见了。"

佛祖问："你见到了什么？"

阿难回答："我看见了如来举起手臂，将手指屈握成光明拳。晃耀在我的心和眼睛之前。"

佛祖说："你用什么来看见光明拳的？"

阿难回答："我与大众都是用眼睛来看的。"

【原文】

佛告阿难："汝今答我，如来屈指为光明拳，耀汝心目，汝目可见，以何为心，当我拳耀？"

阿难言："如来现今征心所在，而我以心推穷寻逐，即能推者，我将为心。"

【讲解】

佛祖对阿难说："你今天回答我，在我屈握手指成光明拳晃耀在你的心和眼睛时，你说你用眼睛看见的，那么在我晃耀光明拳时，你以什么作为你的心呢？"

阿难回答说："如来现在问我心在哪里，我用心来推测寻逐，这个能推测寻逐的，我就将其当作我的心。"

【原文】

佛言："咄！阿难，此非汝心。"

阿难矍然，避座合掌，起立白佛："此非我心，当名何等？"

佛告阿难："此是前尘虚妄相想，惑汝真性。由汝无始至于今生，认贼为子，失汝元常，故受轮转。"

【讲解】

佛祖大声斥责说道："咄！阿难，这不是你的心。"

这时，阿难大惊失色，离座站了起来，双手合掌对佛说："如果这个不是我的心，又该叫作什么呢？"

佛祖告诉阿难说："这是你的心生出的境象，是分别出来的虚妄想象，正是这个虚妄想象，让你迷失了对真心的认识。"

"由于你从无始以来，直至今生，就像是认贼人为儿子一样，一直错误地认为这个虚妄心是你的真心，失去了对恒常不变真心的认识，因此一直承受着轮回生死。"

【原文】

阿难白佛言："世尊，我佛宠弟，心爱佛故，令我出家。我心何独供养如来，乃至遍历恒沙国土，承事诸佛及善知识，发大勇猛，行诸一切难行法事，皆用此心。纵令谤法，永退善根，亦因此心。若此发明不是心者，我乃无心同诸土木，离此觉知，更无所有，云何如来说此非心？我实惊怖，兼此大众无不疑惑。惟垂大悲，开示未悟。"

【讲解】

阿难对佛说："世尊！我是佛受宠的弟弟，就是因为这个心爱慕佛的原因，才让我随您出家。我不但是用这个心来供养如来，乃至遍及一切佛国，奉事一切诸佛及善知识，包括发大勇猛精进之心，修习一切艰难修法之事，用的都是这个心。纵然让我诽谤佛法，永远退失善根，也用的这个心。"

"如果您今天说这个不是我的真心，我就成了没有心的人，我就等同于没有感知能力的土木一样。"

"离开了这个能知能觉的心，其他我更找不出一个心了，为什么今天如来说这个不是我的心呢？"

“我听到您这样说，实在是感到惊恐畏惧，包括现场的大众也都对此无不疑惑。唯愿佛能够大慈悲，开示我等未悟的众生。”

【原文】

尔时，世尊开示阿难及诸大众，欲令心入无生法忍，于师子座摩阿难顶而告之言：“如来常说，诸法所生，唯心所现。一切因果、世界、微尘，因心成体。”

【讲解】

这时世尊开示阿难及在座的大众，欲让他们都能够悟入相信一切法都非实有，于是在狮子座上抚摸阿难的头顶说：“如来常说，一切法都是由真心所生，都是显现在真心中的。一切的因果事件、一切的世界万物和微尘，都是由这个心而创造出其体性的存在的。”

【原文】

“阿难，若诸世界一切所有，其中乃至草叶缕结，诘其根元，咸有体性，纵令虚空，亦有名貌，何况清净妙净明心，性一切心，而自无体？”

【讲解】

佛祖说：“阿难，假若对世界上一切的所有事物，其中以至于一草一叶、一缕一结的微小事物，如果都去追问其根源的话，都有各自体性的存在。纵然是虚空，也有一个名字和相貌，更何况这个清净妙明的真心，生出一切万物体性的真心，又怎么会不存在一个自己的本体呢？”

【原文】

“若汝执吝分别觉观所了知性，必为心者，此心即应离诸一切色香味触诸尘事业，别有全性。”

【讲解】

“假若你还是一定要坚持认为和吝惜不舍这个能够分别外境，觉知觉察的了知之性是你的心的话，那么按照这个道理来说，这个心就应该离开一切生灭变化的色香味触诸尘等，而另外单独存在一个完整的体性。”

【原文】

“如汝今者，承听我法，此则因声而有分别；纵灭一切见闻觉知，内守幽闲，犹为法尘分别影事。”

【讲解】

“就如同你今天听我说法，因为我的声音而让你有了分别觉知之性，如果离开了我的声音，毕竟没有一个体性的存在。因此，你认为听到声音的感觉、觉知到妄念感觉的这个体验是你的心是错误的。”

“纵然你灭除了一切对外在世界的觉知，在内心中守住一个幽

深、宁静的境界当中，那依旧是处在一种对心所了知的幽深宁静感觉的境界体验。这种体验依旧是妄想体验。”

【原文】

“我非敕汝执为非心，但汝于心微细揣摩。若离前尘有分别性，即真汝心。若分别性离尘无体，斯则前尘分别影事。尘非常住，若变灭时，此心则同龟毛兔角，则汝法身同于断灭，其谁修证无生法忍？”

即时，阿难与诸大众默然自失。

【讲解】

“我不是强制让你相信你所执着地认为这个你能推测思维的不是你的真心。你应该在你现在分别觉知的思维中，仔细认真揣摩思考，如果离开了一切所知所觉所分别的对象，另外有一个能去分别的体性，这个就是你的真心。”

“假若你所分别觉知的体验，离开了色声香味触法等六尘而没有一个单独体性的话，那么所有一切分别觉知的体验依旧是妄想幻影。”

“如果你还是执着那个能推测能思考在感觉的体验是你的心，那么这样的体验是依赖于前尘的刺激而存在的。而前尘不是恒常存在的，都是生灭无常的，当前尘变灭之时，这个心岂不就成了如同是本来就不存在的乌龟的毛、兔子的角一样了吗？如果真是这样的话，那么你的法身岂不就跟着前尘的变灭而断灭了吗？如果这样，还有一个‘谁’去修证无生法忍呢？”

这时阿难及大众才知道自己一直所执着的不是真心，都默然无语，都感到失去了一直以来所认为的对真心的认识。

【原文】

佛告阿难：“世间一切诸修学人，现前虽成九次第定，不得漏尽成阿罗汉，皆由执此生死妄想，误为真实。是故汝今虽得多闻不成圣果。”

【讲解】

佛祖对阿难说：“世间中的一切修学解脱之道的人，虽然可修

成九次第定，但是却不能得到无漏的究竟智慧而成阿罗汉，都是因为错误执着这个生死妄想心认为是真实的常住不变的真心。所以让你虽然听了很多佛法，而无法成就最高觉悟。”

第九章：一番显见：显见是心

【原文】

阿难闻已，重复悲泪，五体投地，长跪合掌而白佛言：“自我从佛发心出家，恃佛威神，常自思惟，无劳我修，将谓如来惠我三昧，不知身心本不相代，失我本心。”

【讲解】

阿难听后，再次悲伤落泪，五体投地，长跪合掌对佛说：“我

自从随佛发心与您出家以来，一直仰恃着佛的威神之力，常常这样想：不需要我劳苦修行，将来如来会赐我三昧大定。然而我却不知道，每个人的身心是不能相互替代的，这让我懈怠了对佛法的修证，迷失了对本心的认识。”

【原文】

“虽身出家，心不入道。譬如穷子，舍父逃逝。今日乃知，虽有多闻，若不修行，与不闻等。如人说食，终不能饱。”

【讲解】

“虽然我的身体随您出家了，但是我的心却没有悟入圣道。这就好像是一个贫穷的孩子，不知道家里本来就有无尽的珍宝，然而却舍弃了父母，到处流浪，无所归依。我今天才知道，我虽然听了很多佛法，如果不去实践修证，与那些没有听到佛法的人是一样的。这就像是，只是听到人们说出食物的名字，却不会真正地让我得到饱餐一样。”

【原文】

“世尊！我等今者二障所缠，良由不知寂常心性。惟愿如来哀愍穷露，发妙明心，开我道眼。”

【讲解】

“世尊！我们现在都被烦恼障和所知障所困扰缠缚，根本原因是不知道有一个寂静常住的真心自性。今天唯有希望如来能够哀悯我们这些贫穷孤苦的人，启发我们认识真心，让我们打开智慧之眼。”

【原文】

即时如来，从胸卍字，涌出宝光。其光晃昱，有百千色，十方微尘，普佛世界，一时周遍，遍灌十方所有宝刹诸如来顶，旋至阿难及诸大众。告阿难言：“吾今为汝建大法幢，亦令十方一切众生，获妙微密性净明心，得清净眼。”

【讲解】

这时，如来从胸前的卍字，放射出无量的宝光。其光明晃耀，有千百种颜色。一时间，普照到像微尘那么多的佛国度之中，遍灌所有宝刹中如来头顶，然后又回旋灌照到阿难，以及在会的大众之中。

佛告诉阿难："我今天为你建立大法幢，同时亦让十方世界中的一切众生都能够认识到最深奥、最奥秘、清净圆明的真心，得到清净智慧的道眼。"

【原文】

"阿难，汝先答我见光明拳，此拳光明，因何所有？云何成拳？汝将谁见？"

【讲解】

佛祖说："你先前回答我，你看见了我伸出光明的拳头，那么这个拳头是如何存在的？你又用什么来看见的？

【原文】

阿难言："由佛全体阎浮檀金，赩如宝山；清净所生，故有光明。我实眼观五轮指端，屈握示人，故有拳相。"

【讲解】

阿难说："拳头的存在是佛将五根手指屈握起来而成为拳头的。而我是用眼睛看见拳头光明形象的。"

【原文】

佛告阿难："如来今日实言告汝，诸有智者要以譬喻而得开悟。阿难，譬如我拳，若无我手，不成我拳。若无汝眼，不成汝见。以汝眼根，例我拳理，其义均不？"

【讲解】

佛对阿难说："如来今天如实地告诉你，一切有智慧的人，都是要以比喻说明而开悟佛法究竟道理的。阿难，譬如说，我的拳头，假若没有我的手，就不会屈握成拳头。如果没有你的眼睛，你就不会看见。那么用存在你的眼睛和用眼睛能看见这个事，与存在我的手和用我的手屈握成为拳头这个事，这两个事情在道理上是否是相同的呢？"

比喻：因为有手，所以可以屈握成为拳头；如果没有手，就无法屈握成拳头。

说明：因为有眼睛，所以可以看见；如果没有眼睛，是否就无法看见呢？

【原文】

阿难言："唯然世尊！既无我眼，不成我见。以我眼根，例如来拳，事义相类。"

【讲解】

阿难回答："是的世尊！如果没有我的眼睛，就不会让我看见。以存在我的眼睛和用眼睛看见，类比有如来的手和用手能屈握成拳的道理是相同的。"

【原文】

佛告阿难："汝言相类，是义不然。何以故？如无手人，拳毕竟灭。彼无眼者，非见全无。所以者何？汝试于途询问盲人：汝何所见？彼诸盲人，必来答汝：我今眼前，唯见黑暗，更无他瞩。以是义观，前尘自暗，见何亏损？"

【讲解】

佛祖对阿难说："你说这两个道理是相同的，其实是不同的。为什么呢？比如说，一个没有手的人，他是不可能存在一个拳头的。可是没有眼睛的人，虽然是看不见外在的世界，但是他却不是什么都看不见。为什么呢？"

“如果你去问一个在路上行走的盲人：‘你看到了什么？’这个盲人一定会回答你说：‘我现在眼前只看到一片黑暗，其他什么都看不到。’”

“根据这个道理，你应该明白，眼前虽然是一片黑暗，可是这个黑暗是眼前的景象，而对于能够看到黑暗的本心来说是不会有任何亏损的。”

【原文】

阿难言：“诸盲眼前，唯睹黑暗，云何成见？”

【讲解】

阿难争辩说：“那些盲人的眼前只看到黑暗，又怎么能说他是能看见的呢？”

【原文】

佛告阿难："诸盲无眼，唯观黑暗，与有眼人处于暗室，二黑有别，为无有别？"

【讲解】

佛对阿难说："那些盲人没有眼睛，只看到黑暗，那么他们这种看到的黑暗现象与有眼睛的人在黑暗的房屋之中所看到的黑暗是否有区别呢？"

【原文】

"如是，世尊！此暗中人与彼群盲，二黑校量，曾无有异。"

【讲解】

阿难回答："是的，世尊！在黑暗的房屋中所看到的黑暗与那些盲人所看到的黑暗，这两种黑暗相互比较起来是没有任何区别的。"

【原文】

"阿难，若无眼人，全见前黑，忽得眼光，还于前尘见种种色，名眼见；彼暗中人全见前黑，忽获灯光，亦于前尘见种种色，应名灯见。若灯见者，灯能有见，自不名灯。又则灯观，何关汝事？"

【讲解】

佛祖说："阿难，就像是你所认为的那样，是眼睛能让你看见这个世界的，能看的本体在眼睛中。假若一个盲人，他眼前看到的是一片黑暗，那么这时就说他能看的本体，失去了能看的功能。"

"如果他的眼睛有一天突然痊愈了，又看到了眼前的种种颜色，那么按照你的逻辑来说，就是能看的本体恢复了能看的功能，由此你确定这能看的本体就是眼睛，是眼睛看见这个世界的。”

“如果这个道理是真实的，在黑暗房屋中的人，在他的眼前也是一片黑暗的，这个黑暗与盲人所看到的黑暗是一样的。所以这时就应该说这个正常人能看的本体失去了能看的功能。”

“当他点亮了一盏灯，他又看到了种种的颜色，这个由黑暗到光明的过程中，正常人的眼睛都是正常的。按照你的逻辑来说，正常人看到黑暗就失去了能看的功能，在点亮灯后能看的功能又出现了，那么就应该说是灯带来的能看的功能，即能看见世界种种颜色的应该是灯了，既然能看的功能是灯，那么能看的本体也就应该是灯了。”

“如果是灯在看这个世界的，那么灯就不应该名之为灯了。”

“再者说，如果是灯在看着这个世界，与你又有什么关系呢？”

逻辑关系：如果说盲人看到的黑暗与有眼人看到的黑暗是一样的，那么，盲人的眼睛在损坏的情况下，看到了一片黑暗，假设盲人有一天他的眼睛恢复正常了，又看到了种种的颜色，这时就说他能看到世界种种颜色的根本原因是“眼睛”，即是眼睛在看着这个世界，能看到世界的本体在眼睛中。假设这个说法是成立的，那么当一个在黑屋子里的正常人，其眼睛一直是正常的，因为点亮了一盏灯，就看到了种种颜色的事物，那么这时就应该说看到种种颜色

事物的根本原因是“灯”，而不是眼睛。

就是说，如果认为是眼睛痊愈了才让盲人具有能看见功能的话，那么同样道理，当点燃了一盏灯的时候，在黑暗中的人又看到了世界，这时就应该说是“灯”在看见这个世界，而不是眼睛。

佛祖要说的意思是：黑暗与光明都是一种“颜色”，不能因为说看到了黑暗就失去了能看的本体。本体不会因为他所见到的影像的不同而或有或无的。

因此，不能说盲人因为看不到这个世界的种种物象，就说他失去了“能看见”的本心。而看见这个世界的不是眼睛，而是心在看。眼睛只是心去看见外部世界的一个“望远镜”。盲人看不到这个世界，就如同是望远镜坏了。

【原文】

“是故当知，灯能显色，如是见者，是眼非灯；眼能显色，如是见性，是心非眼。”

【讲解】

佛祖说："因此你阿难应该知道，灯是能够照亮事物的种种色彩，但是看见世界色彩的是眼睛，而不是灯。"

"同样道理，眼睛如同是望远镜，能够显现出种种颜色，而真正看见种种颜色的是心，而不是眼睛。"

【总结】

在这一段中，佛祖第一次告诉阿难，什么是真心。真心是看见这个世界的那个东西。而阿难认为是眼睛。佛祖要说明的是，眼睛以及耳朵等只是观察、传导外部世界信息的媒介，而感知外部世界信息刺激的本体不是眼睛、耳朵等。佛祖要说明的道理是：盲人虽然失去了看见外部世界种种颜色的功能，但是盲人能够看见世界的本体不会因为眼睛的疾病而随之失去。否则，失去眼睛的人就会死去了。

如果真正理解了佛祖这句话，你就会明白：一般人们认为死亡就是失去了对外部世界的任何感知和体验，而佛祖告诉你，眼耳鼻舌身意，色声香味触法，以及眼识耳识鼻识舌识身识意识合起来的所谓"十八界"，都是本体感知外界的媒介。本体不会因为他们的存在或不在而产生损坏或者亏欠。所以，当一个人死去了，其本体不会“死去”。

下面，以另一方式认识“一番显见”：

首先我们问：是眼睛决定了物质的存在吗？

答案是否定的。为什么呢？因为你的眼睛是由巩膜、瞳孔、虹膜及角膜、视网膜组成的，而它们又都是由各种人体细胞组成的，例如神经细胞、肌肉细胞等。人体细胞是由各种蛋白质、氨基酸组成的。而蛋白质、氨基酸、基因片段、感受光的视紫红质分子等又都是由分子、原子组成的。分子、原子是由光子、电子等基本粒子组成的。

因此，眼睛这一小团没有生命的物质，是不会决定另外一团物质的存在或不存在的。眼睛也是由另外一个东西的“看”而存在的。就是说，看见世界的，不在你的六根中，也不在身体和大脑中。身体死亡了，它是不会随着失去的。为什么呢？因为身体也只是“它”看出来的一个影像。

第十章：二番显见：显见不动

【原文】

阿难虽复得闻是言，与诸大众，口已默然，心未开悟，犹冀如来慈音宣示，合掌清心，伫佛悲诲。

【讲解】

阿难虽然听闻佛祖这样的开示，与法会现场的大众一样，虽然嘴里默然无语，但是心里却没有开悟，还是希望如来能够发大慈悲，再深入开示佛法究竟义理。因此，大家都将手掌合上，清净内心，等待着佛祖的慈悲教诲。

【原文】

尔时，世尊舒兜罗绵网相光手，开五轮指，诲敕阿难及诸大众："我初成道，于鹿园中，为阿若多五比丘等及汝四众言：一切众生不成菩提及阿罗汉，皆由客尘烦恼所误。汝等当时因何开悟，今成圣果？"

【讲解】

这时，世尊舒展兜罗棉网相光手，张开五轮手指，教诲开示阿难及现场的大众说："我在初成道时，在鹿野苑中，为阿若多五比丘等，以及四众弟子说法时说：一切众生之所以无法成就最高觉悟以及成就阿罗汉，都是因为被客尘烦恼所误导。你们当时是因为什么而得以开悟，成就今天圣道的？"

【原文】

时憍陈那起立白佛："我今长老，于大众中独得解名，因悟客尘二字成果。世尊！譬如行客，投寄旅亭，或宿或食，食宿事毕，俶装前途，不遑安住。若实主人，自无攸往。如是思惟，不住名客，住名主人，以不住者名为客义。"

【讲解】

这时憍陈那站起来对佛说："我现今作为长老，在大众中是最先悟解真理的。能够悟解真理的原因是我悟解了'客尘'二字的道理，因而成就圣果。"

"世尊！什么是客尘呢？比如说，路上的行人，到了傍晚就要投宿旅店，或者用餐或者住宿，当他食宿完毕后，第二天早上就要整理行装，继续上路前往他方，他是没有闲暇时间一直住在旅店中的。如果是旅店的主人，自然就不会前往他方。"

"根据这个道理，让我思考，不能常住的就是客人，能够常住的就是主人。因此，凡是不能常住的就是'客'的含义。"

【原文】

“又如新霁，清旸升天，光入隙中，发明空中诸有尘相。尘质摇动，虚空寂然。如是思惟，澄寂名空，摇动名尘，以摇动者，名为尘义。”

【讲解】

“再比如说，大雨过后，天清气朗，太阳照耀天空，阳光射入门缝中，这时，就会看到虚空中存在着狂飞乱舞的尘埃，而虚空则是寂然不动的。根据这个道理，我思考，澄清、寂然不动的就称为虚空；摇动不停息的就称为微尘，所以凡是摇动不息的就是‘尘’的含义。”

【原文】

佛言：“如是。”

即时如来于大众中，屈五轮指，屈已复开，开已又屈，谓阿难言：“汝今何见？”阿难言：“我见如来百宝轮掌，众中开合。”

【讲解】

这时，如来在大众之中，将五根手指屈握起来，又展开手指，然后又屈握起来，对阿难说：“你看到了什么？”

阿难说：“我看到如来的百宝手掌在大众中屈握起来，再展开，然后又合了起来。”

【原文】

佛告阿难：“汝见我手众中开合，为是我手有开有合？为复汝见有开有合？”

【讲解】

佛告诉阿难：“你看见我的手在大众之中展开后，又合了起来，那么我问你，是我的手有开有合呢？还是你能够看见我开合手

的见性有开有合呢?

【原文】

阿难言:“世尊宝手众中开合,我见如来手自开合,非我见性有开有合。”佛言:“谁动谁静?”

【讲解】

阿难说:“世尊的宝手在大众之中有开有合,我看见如来的手在那里自己有开有合,不是我的见性有开有合。”

佛问阿难:“那么谁是动的?谁又是静的呢?”

【原文】

阿难言:“佛手不住,而我见性尚无有静,谁为无住?”

佛言:“如是。”

【讲解】

阿难说：“佛的手一直在不停屈握和展开，而我看见佛手的见性，连个静的形象都没有，更不会存在一个动的形象。”

比如说，在镜子之中晃动着的手的影像，对于手来说，是有静止不动情况存在的，同时也有来回摇动情况的存在，但是，以镜子中的影像，相对于镜子本身来说，就没有所谓的“静止”和“摇动”的特性了。

为什么呢？因为镜子之中，手的静止或摇动与镜子的关系不是对等的物象关系，而是相生的关系。如果是相生的关系，就不能说镜子具有任何它所生出物象的任何特性。同样道理，也不能说见性具有或静或动的任何特性。

【原文】

如来于是从轮掌中飞一宝光在阿难右，即时阿难回首右盼。又放一光在阿难左，阿难又则回首左盼。

【讲解】

如来于是从手掌之中飞出一道宝光在阿难的右边，这时阿难就将头转向右边去看这道光。如来又飞出一道宝光在阿难的左边，阿难又将头转向左边去看这道光。

【原文】

佛告阿难："汝头今日何因摇动？"阿难言："我见如来出妙宝光，来我左右，故左右观，头自摇动。"

【讲解】

佛问阿难："你的头今天为什么左右摇动呢？"

阿难回答："我看见如来飞出宝光在我的左边和右边，然后我向左、向右去观看宝光，所以就让我的头左右摇动了。"

【原文】

“阿难，汝盼佛光，左右动头，为汝头动？为复见动？”“世尊！我头自动，而我见性尚无有止，谁为摇动？”

佛言：“如是。”

【讲解】

佛说：“你因为要看佛飞出的宝光，因此你的头左右摇动了。那么是你的头在摇动？还是你的见性在摇动呢？”

阿难回答：“我的头自己在那里摇动，但我的见性连个‘静止’的现象都没有，因此更谈不上有个摇动了。”

佛说：“是的。”

【原文】

于是如来普告大众：“若复众生，以摇动者名之为尘，以不住者名之为客。汝观阿难，头自动摇，见无所动。又汝

观我，手自开合，见无舒卷。云何汝今以动为身，以动为境，从始洎终，念念生灭，遗失真性，颠倒行事。性心失真，认物为己，轮回是中，自取流转。”

【讲解】

这时，如来普告在会的大众说：“如果已有众生认识到，摇动不停的就称为尘，不能常住的就称为客。你们现在看阿难的头，自己在那里摇动，而他的见性却不会发生静止或者摇动。你们再看我的手，我的手自己有开有合，而阿难看到我手的见性却不会发生舒展和卷曲。为什么你们以摇动不息的为自己真身，以摇动生灭的为自己的实际境界呢？你们从一开始，直至最终，念念只认得生灭不息的现象，念念都在生灭现象中寻找自性，遗失了对真正的心的认识，而以颠倒的认识修道。”

“因为失去了对真心的认识，所以在心生的物象中寻找自己，认为生灭变化的物象是自己。这样错误的认识和寻找，就让自己轮回在无常生灭的物象和现象之中，自取轮回生死。”

【总结】

佛祖用客人、主人来比喻说明心不在来去之中，用虚空、微尘的比喻来说明心是如如不动的。用手的开合、头的摇动来比喻说明见性是不在一起物象的静止或者摇动之中的。

下面，用个比喻说明：

世界一切物象，都如同是放映机投影出的影像。影像中有客人的来去，但是放映机是不在来去之中的。

影像中有狂飞乱舞的种种现象，但是放映机则是如如不动的。

什么是如如不动？如如的意思就是一切都是由一心所生。而不动就是心不在一切动与不动之中。

影像中有物象的开合，有头的摇动，但是放映机则是创造出一切开合摇动、生灭变化现象的那个东西。所以，放映机是不可说的，也是不可指示出来的。

因此，所谓的主人、虚空、无开合、无摇动都是一种比喻说明。

阿难及大众认为世界是实有的，妄念是实有的，因此恐惧死后一切皆无，一切都彻底断灭，而佛告诉他，一切生灭现象的背后有一个创造出生灭现象的真心存在。而心不能以任何它所创造出来的物象来表达和说明。因此，佛法的究竟义是抛弃一切比喻说明，彻悟到一切都是心生幻象。

【原文】

卷二

尔时，阿难及诸大众，闻佛示诲，身心泰然。念无始来失却本心，妄认缘尘分别影事，今日开悟，如失乳儿，忽遇慈母。合掌礼佛，愿闻如来显出身心真妄虚实，现前生灭与不生灭二发明性。

【讲解】

这时，阿难以及现场的大众听闻佛祖的开示教诲，都感到身心泰然舒服。回想起自己一直以来失去了对本心自性的认识，错误认为由六根攀缘六尘所产生的种种感觉和种种的虚妄分别是自己的真心。今日开悟，就像是失乳的幼儿，忽然遇到自己慈爱的母亲一样。因此大家都合上手掌，礼拜佛祖，愿意听闻如来指示出在身体和心之中，哪个是真实的，哪个是虚妄的？在当前的这个身体和心之中，哪个是生灭无常的，哪个是不生不灭的真心自性。

【原文】

时波斯匿王起立白佛："我昔未承诸佛诲敕，见迦旃延、毗罗胝子，咸言此身死后断灭，名为涅槃。我虽值佛，今犹狐疑：云何发挥证知此心不生灭地？今此大众诸有漏者，咸皆愿闻。"

【讲解】

这时波斯匿王站起来对佛说：“我过去没有接受佛教诲时，曾经听到迦旃延、毗罗胝子说‘人的身体死后，就一切断灭了，断灭后的状态就是涅槃’。我虽然今天听到佛的教诲，但是心中还是有疑问：我应该如何学习和理解，才能让我证知到这个心是不生不灭而恒常存在的？今天现场的大众，以及一切没有彻底断除生死烦恼的人，都希望能够听到佛的教诲。”

【原文】

佛告大王：“汝身现在，今复问汝：汝此肉身为同金刚常住不朽，为复变坏？”

“世尊！我今此身终从变灭。”

佛言：“大王，汝未曾灭，云何知灭？”

【讲解】

佛对波斯匿王说：“以你现在存在的身体来说，我来问你：你的这个肉身是与金刚一样恒常存在的，还是会腐朽变坏的？”

波斯匿王说：“世尊！我现在这个身体最终一定是会变坏散灭的。”

佛祖说：“大王，你现在的肉身还没有变坏散灭，为什么你会知道，它未来一定会变坏散灭呢？”

【原文】

“世尊！我此无常变坏之身虽未曾灭，我观现前，念念迁谢，新新不住，如火成灰，渐渐销殒。殒亡不息，决知此身，当从灭尽。”

【讲解】

波斯匿王说：“世尊！我现在这个身体虽然还没有变坏散灭，可是我观察当前的这个身体，每一个念头都在变迁、代谢之中，每一个新念头的出现都停留不住，马上就成为了旧念头。这就好像是木材被火燃烧，逐渐地就会被烧成一堆灰一样，我身体这样的变化消亡过程一直不得停息，由此让我相信，我的肉体一定会随着这种消亡过程最终散灭消失。”

【原文】

佛言：“如是，大王！汝今生龄已从衰老，颜貌何如童子之时？”

“世尊！我昔孩孺，肤腠润泽；年至长成，血气充满；而今颓龄，迫于衰耄，形色枯悴，精神昏昧，发白面皱，逮将不久，如何见比充盛之时！”

【讲解】

佛说：“是这样的，大王！你现在的年龄已经衰老了，你现在的容颜相貌与你孩童之时比较起来又有什么不同呢？”

波斯匿王说：“世尊！我在孩童之时，肌肤细嫩而有光泽；到了成年，血气充满，精力充沛；现今已经到了颓废的年龄，迫近衰老，形貌已经枯槁憔悴，精神昏昧，头发已经白了，脸面也已经有了许多的褶皱，恐怕将不久于人世了。又怎么能够与年轻的时候气血旺盛相比较呢？”

【原文】

佛言："大王，汝之形容应不顿朽？"王言："世尊！变化密移，我诚不觉；寒暑迁流，渐至于此。何以故？我年二十，虽号年少，颜貌已老初十岁时；三十之年，又衰二十；于今六十，又过于二，观五十时，宛然强壮。"

【讲解】

佛说："大王，你的形貌应该不是突然就腐朽的吧？"波斯匿王说："世尊！我身体的变化是在细微之间潜移变化的，我实在是没有明显觉知到的。寒来暑往，岁月变迁，逐渐的我就变成了现在这个样子。为什么呢？我在二十岁的时候，虽然称得上年少，但是容颜相貌实际上已经比十岁时老了许多。在我三十岁时又比我二十岁时衰老了，以至现今六十二岁了，再看我五十岁时，那时还是很强壮的。"

【原文】

“世尊！我见密移，虽此殂落，其间流易，且限十年。若复令我微细思惟，其变宁唯一纪、二纪，实为年变；岂唯年变，亦兼月化；何直月化，兼又日迁。沉思谛观，刹那刹那，念念之间，不得停住。故知我身终从变灭。”

【讲解】

“世尊！我看见自己的这个身体，在岁月中暗自迁移变化，直至死亡陨落，暂且以十年为一个时期来观察的话，就有了明显的变化。”

“如果我仔细分析，期间的迁移变化，不是以一纪、二纪（注：一纪为十二年）而发生的，实际上每一年都有变化；又岂止是以每一年为限呢，实际上每一个月都有变化；又岂止是以每个月都有变化呢，每一天都有变迁。我现在再仔细深入思考和观察，实在是在刹那刹那、念念之间，这种衰老变化没有一时一刻停止过。因此，我知道我的身体一定会因为这种不停息的变化而最终变坏散灭。”

【原文】

佛告大王："汝见变化，迁改不停，悟知汝灭；亦于灭时，汝知身中有不灭耶？"

波斯匿王合掌白佛："我实不知。"

【讲解】

佛告诉波斯匿王："你看到你的身体在刹那之间不断迁改变化，而没有一刻停息过，由此领悟到你的肉身最终会散灭消失。那么在你身体散灭消失之时，你知道有一个不会随之消失灭尽的东西吗？"

波斯匿王合上手掌对佛说："我实在是不知道。"

【原文】

佛言："我今示汝不生灭性。大王，汝年几时，见恒河水？"王言："我生三岁，慈母携我谒耆婆天，经过此流，尔时即知是恒河水。"

【讲解】

佛说："我今天就指示给你哪个是不生不灭的。大王，你是在多大年龄时看到恒河水的？"波斯匿王说："我在三岁的时候，母亲带领我拜谒耆婆天时，经过这一条河流，那个时候我就知道这是恒河水。"

【原文】

佛言："大王，如汝所说，二十之时衰于十岁，乃至六十，日月岁时，念念迁变，则汝三岁见此河时，至年十三，其水云何？"王言："如三岁时，宛然无异；乃至于今，年六十二，亦无有异。"

【讲解】

佛说："大王，就如你所说，在你二十岁时，你的身体相貌已经衰老于十岁之时，以至于在今天你已经六十多岁了，随着时间的推移，念念之间都在不停迁移变化着，那么我问你，你三岁

时所看见的恒河与你十三岁时所看见的恒河相比，恒河中的水有什么不同吗？”

波斯匿王说：“与我三岁时所看见的恒河水是一模一样的，甚至在今天我已经六十二岁了，所看见的恒河水与我三岁时所看见的恒河水依旧是没有任何区别的。”

【原文】

佛言：“汝今自伤发白面皱，其面必定皱于童年；则汝今时观此恒河，与昔童时观河之见，有童耄不？”王言：“不也，世尊！”

【讲解】

佛说：“你今天自我感伤头发白了，脸面也褶皱了，那么你的脸面一定比童年时更加衰老了。但是，你今年看见恒河水时的能见之性与你童年看见恒河水时的能见之性，是否有童年和老年的差别呢？”

就是说，你看见恒河水的“可以看见”是否有童年和老年的差别呢？

波斯匿王说："没有童年与老年的差别。世尊！"

【原文】

佛言："大王，汝面虽皱，而此见精，性未曾皱。皱者为变，不皱非变。变者受灭，彼不变者元无生灭，云何于中受汝生死？而犹引彼末伽黎等，都言此身死后全灭！"

王闻是言，信知身后舍生趣生，与诸大众踊跃欢喜，得未曾有。

【讲解】

佛说："大王，你的脸面虽然有了褶皱，但是你看见恒河水的本体是一直未曾发生任何衰老和褶皱的。凡是发生衰老变化的，最终都会散灭消失，那个没有发生衰老变化的，是不在发生衰老变化的生灭之中的。因此，你生灭变化的身体可以有生死轮回，但是你看见这个世界、看见身体生灭变化的本体是不在你生灭变化的身体之中承受生死轮回的。而末伽黎等人所说死亡后一切全灭的认识是

错误的。”

波斯匿王听闻佛的开示后，相信他的身体在灭失之后，不是一切断灭了，而是走向另一个新的生命，因此与现场大众都感受到了从未有过的欢喜踊跃。

【总结】

下面我们清楚总结一下，波斯匿王到底在问什么，佛祖给出的答案是什么?

首先，因为波斯匿王与大众一样恐惧死亡，所以求问佛祖在人体之中什么是生灭的，什么是永恒的?然后佛祖问了波斯匿王:“你现在还没有死，怎么知道自己会死呢?”

波斯匿王给出的推论是:“我看到其他人从童年、少年、壮年，直至老年，最终都死去了。而我看到我与其他人一样，从孩童到少年，再到壮年，直至今年六十二岁了，身体都在时时发生着衰老变化，由此我相信，我也会像其他人一样，最终衰老死去。”

佛祖给出的答案是:“你从三岁、十三岁，直至今天六十二岁，身体虽然时时都在发生着细微的衰老变化，但是你看见恒河水的见性——也就是你能看见恒河水的本体是没有发生任何衰老变化的。在你的身体之中，凡是发生衰老变化的最终都会消亡，但是你能看见这个世界的见性——看见衰老变化的本体，是不会随着身体的衰老分散而消亡的，因此你的见性是永恒的，是不死的，它是不生不灭的。”什么叫作不生不灭呢？就是本体不在它所创造出的生灭现象之中，所以说本体是不生不灭的。

相信凡是拥有正常思维的人看到这一点，一定会在脑中蹦出一个既简单又明显的疑问：佛祖说，“看见恒河水的见性是不会随着身体的分散消失而消失的”，这个道理很容易看得懂，但是却几乎无法让人从内心中真正相信。

为什么呢？反驳的理由十分简单和直接：一般人们通过感知认为，只有在身体、大脑、眼睛、耳朵等肉体器官存在的基础上，才会拥有感知这个世界的能力，即可以看见这个世界，可以看见恒河水。因为感知世界的身体大脑等感觉器官就是感知世界的本体，所以如果身体大脑等感觉器官分解消散了，那么感知这个世界的能力和本体也就同时随之消亡了。

证明这种“认为”的最明显例子就是，一个人在睡觉时，他是无知无觉的，他已经不再看着和感知着这世界了，那么死亡是否就像一个人睡眠了那样，一切都无知无觉了，一切都断灭了呢？

就是说，如果说“一个人死后，那个能知能觉还是存在着”，为什么在我睡着后，就没有了任何感知觉，以及就不再感知着这个世界了？如果你说“我睡眠后，那个感知还存在着的”，但是非常容易得到验证的却是，在我睡着后，从来没有感觉到自己还在

继续感知着这个世界，这又怎么解释呢？佛祖说的那个“不生不灭”“时时都在感知这个世界”的“见性”在我睡着后，它又在哪里呢？

真实而又让人无法相信的是，你认为你曾经深睡过觉，那只是一种错觉。你认为自己曾经睡着过，实际上你从来没有睡过觉。为什么呢？因为，“没有感知，就没有存在”。这句话是什么意思呢？

首先我们问，为什么你会认为自己曾经睡过觉呢？当然你会回答：“我明确地感知到自己在睡前很困，然后就不知不觉睡着了。”你认为自己在睡觉中的一个证明是，“你感知到了梦境的存在”，然后你清楚而鲜明地感知到，你在早晨清醒了过来，由此你十分肯定地判断，自己曾经睡着过，而且确实存在着深度睡眠后的无知无觉状态。你根据对睡前困倦、睡中做梦和睡后清醒过程的觉知，判断这中间一定存在一个无知无觉的睡眠中的状态。

可是你错了，用个简单的比喻来说，在电脑游戏中，一个游戏人物体验到的一切感觉都是一种幻觉存在，其中的幻觉既包括他对世界的感知，也包括他对自己身体、六根以及六根知觉的感知，当然，对睡眠的感知也是在六根感知之中的，所以同时也包括他在游戏中对自己“睡眠”的感知，他会以为他真的睡过觉，实际上一切的感觉感知都是幻觉体验，他从来没有真正睡眠过。

同样道理，如果你所存在的这个世界是个幻觉，那么你不但对整个世界的感知，也包括你对睡前、做梦、清醒的感知都是个幻觉体验，你根本从来没有睡过觉，根本就不存在一个无知无觉的睡眠中的状态。你认为你每晚都会深睡过去只是一种幻觉体验。

从一个简单的逻辑来说，如果世界的存在是个幻象，难道你对“无知无觉睡眠”的感知就不是一种幻觉感知吗？幻觉感知的意思就如同是在电子游戏中，一切的感觉感知都只是一种模拟一样，在我们的意识中，你所看到的世界只是你的“意识模拟”。因此，“没有感知，就没有存在”，只存在你感知到的睡前、做梦、清醒，不存在睡眠中意识消失后无知无觉的状态，同样道理，对于生死来说，存在着你对世界的感知，不存在你认为的“死后意识消失的无知无觉状态”，你是不会真的死去的。

这个事在常识上很难让人相信，又如何证明呢？

在佛学中，是通过推理来证明的，证明的方法，即对一切事物是幻象存在的逻辑推断是，这个事物不是长久存在的，是无常的，是生灭的，是不断变化的，所以说这个事物是“幻象”的。 如果世界是幻象存在的，第一，一定不存在死亡；第二，佛祖说的见性是永恒存在的就是真实的。

为了能够清楚理解，下面看佛法是如何证明的。

在常识上，一般人们认为是先有了身体和大脑，才存在了“见性（意识）”，然而这个常识就成为了人们无法理解《楞严经》，乃至佛法究竟义的关键所在，也是阿难被物所转的根本原因。人们

对佛法的所有认识和思考都是以这一常识为理解基础的，这样就产生了最大的障碍，可以说是唯一的障碍！

在佛法中，为了让人们突破这一障碍，即为了说明“如果世界是幻象存在的话，就一定不存在死亡”这个事，最常用的一个比喻是“捏目成华”和“第二月”。如果真正能理解和相信这两个比喻，也就领悟到了佛法的究竟义，同时也就解脱了生死。下面我们就看这两个比喻所表达的意思。

捏目成华：你看着一盏灯，然后捏一下自己的眼睛，就会在灯的旁边看到一个灯的幻影。这个幻影不是因为灯而存在的，也不是因为你的眼睛而存在的，根本原因是在你的心里呈现出来的。“第二月”的比喻只是把灯换成了月亮，表达的意思是一样的。

“灯影”“第二月”比喻的目的是说，包括自己的肉体、六根、世界虚空都如同是“灯影”“第二月”一样，是在心中生起的幻象。

就如同一个微小的芯片就可以模拟出数不尽的世界和无限的星系一样，你认为现在看到的一切世界所有，实际上都不是真实存在的。从本质上来说，世界万物及虚空没有实有的大小方圆，一切世界万物及虚空都是在你的心中幻生幻灭的。如果一切世界所有都是在你心中生灭的话，又如何证明是没有生死的呢？

比如说，你眼睛看到了灯影，那么当你不再捏住自己眼睛时，灯影就消失了。如果灯影消失了，你看出灯影的“心”会随着灯影的消失而同时消失吗？答案当然是“不会”。

同样道理，如果世界真的是“心”看出的幻影，以幻影方式存在着的肉体分解了，六根消失了，创造出肉体、六根和世界的“心”是不会随着肉体的分散死去而同时消失的。就是说，你的身体可以分解，但是觉知着，同时也是创造出这个世界的“心”是不会消失的，你是不会真的死去的。因此，如果一切世界所有和你的肉体都是幻象的话，就一定不存在死亡这回事，而你永远不会死去！

因此，不是世界存在了，然后存在了感知，而是感知存在了，世界才被感知创造了出来。

【问答录】

问1：您说“没有感知，就没有存在”，无知无觉的睡眠状态因为我们无法感知到，所以就是不存在的。如果是这样，我就有个疑问，如果说睡眠不存在，时间都到哪去了？比如说，我从晚上十点睡着了，又在早上六点醒来，这八个小时哪去了？

高老师：时间本质上是对物质运动的测量，所以时间也是你的意识创造的。就是说，你对时间的感知是一种“幻觉”，没有实有时间的存在。再从另一个角度说，只有被你意识到的事物才是存在的，例如，你看到了一个鸡蛋，实际上只存在鸡蛋壳，而蛋黄在你打碎鸡蛋之前是“不存在”的，同样道理，只存在你对睡前、醒后的觉知，而中间的睡眠状态只是你的“认为存在”。因此，不能问“时间哪去了”。为什么呢？这就像在你打碎鸡蛋之前蛋黄是不存在的一样，没有时间，只有“你认为的时间”。

问2：为什么我看到客观规律的因果都是连续的和可以被预测到的？例如我吃饭了就一定会饱，玻璃杯掉在地上就一定会碎。为什么说佛法中说的究竟第一义是非逻辑的？因果是超越一切时空限制而发生的？是无法被预测的和非逻辑的？这种“无法预测”是否就像《阿甘正传》中说的那句话一样，“人生就像一盒巧克力，你永远也不知道下一块吃到的是什么味道”。

高老师：世界上的一切物质运动（情感、思想本质上也是一种物质运动——神经细胞的运动），它们在不同时空中的发生发展，就如同是在同一时空中发生发展着那样存在着。这样就带来了以下两点事实：

第一，究竟第一义的因果不在一切物象，以及一切物象的因果事件中。

客观规律的因果是“已经被意识创造出的物象发生的运动规律”，所以是可被预测的，而创造出物象本身的规律是不在“一切物象和一切物象的因果规律”之中的。因此，一般人们认为的连续的、可预测的因果都是意识创造出一切物象后才出现的客观规律的因果事件。究竟第一义的因果是：你现在、此时此刻的起心动念就创造出了未来必然会发生的事情，同时也在决定着过去已经发生但是还没有被你意识到的事物的发生发展。

第二，非逻辑表达的是心外无物。

“逻辑分别”是：“认为外在众生是实有的，然后分析外在众生的因果是如何发生的，试图找出因果发生的规律性。”

“非逻辑”表达的意思是：“外在没有众生，外在众生以及外在众生的因果事件都是你的‘梦境中的现象’，无论外在众生的因果是符合因果规律的，还是不符合因果规律的，都是你的梦境，即都是你的因果。因此对外在众生发生因果的任何分析辨别和任何的逻辑推测都是依幻说幻的妄想分别。”

非逻辑的因果，即究竟第一义的因果是：“世界上只存在你的因果，你的因果是真实的。”因为“一切对因果的分别辨析”和“认为一切因果都无法预测”的观念认识都是虚幻不实的，所以究竟第一义的因果是：“相信此时此刻你正在创造着一切过去与未来时空中必然会发生发展和存在着的因果事件。”所以，相信究竟第一义因果的存在就是“究竟第一义”——一切唯心所现。

第十二章：四番显见：显见不失

【原文】

阿难即从座起，礼佛合掌，长跪白佛："世尊，若此见闻必不生灭，云何世尊名我等辈遗失真性，颠倒行事？愿兴慈悲，洗我尘垢。"

【讲解】

阿难这时从座位上站了起来，向佛顶礼，合掌长跪说："世

尊，如果这个能看见、能听闻的本性是不生不灭的，为什么世尊还说我们这些众生遗失了这个真性，以错误颠倒的方式认识这个世界呢？唯愿佛能够发大慈悲，指正我们的错误知见，获得究竟智慧。”

【原文】

即时如来垂金色臂，轮手下指，示阿难言：“汝今见我母陀罗手，为正为倒？”阿难言：“世间众生以此为倒，而我不知谁正谁倒？”佛告阿难：“若世间人以此为倒，即世间人将何为正？”阿难言：“如来竖臂兜罗绵手，上指于空则名为正。”

【讲解】

这时，如来垂下金色手臂，将手掌指向地面，对阿难说：“你现在看我的手是正的，还是倒的？”

阿难回答：“以世间人们的认识来说，这样就是倒的。而我不知道哪样是正的，哪样是倒的？”佛对阿难说：“如果世间人认为这是倒的，那么世间人以什么为正呢？”阿难说：“如果如来将手臂竖立起来，将手掌指向天空，这就是正的。”

【原文】

佛即竖臂，告阿难言：“若此颠倒，首尾相换，诸世间人一倍瞻视，则知汝身与诸如来清净法身，比类发明，如来之身名正遍知，汝等之身号性颠倒。随汝谛观，汝身佛身称颠倒者，名字何处号为颠倒？”

【讲解】

这时佛就将手臂竖立起来，告诉阿难说：“假若我把手臂竖立起来就称为正，而这只是将手臂上下调换了一下位置，一切世间人就加倍迷执分别在“这样是正的、那样是倒的”错误知见中。以你们之身与一切如来的法身做个类比就会明白，如来之身是正遍知的，具有究竟大智慧；你们之身就是名为颠倒的，是愚痴迷执的。根据这个道理，你们再认真仔细想一想，你的身与佛的身到底有哪里不同？你们的身为什么会被号称为颠倒的呢？”

【原文】

于时阿难与诸大众瞪瞢瞻佛，目睛不瞬，不知身心颠倒所在。佛兴慈悲，哀愍阿难及诸大众，发海潮音遍告同会："诸善男子，我常说言，色心诸缘及心所使诸所缘法，唯心所现。汝身汝心，皆是妙明真精妙心中所现物。云何汝等遗失本妙，圆妙明心，宝明妙性，认悟中迷。晦昧为空，空晦暗中，结暗为色，色杂妄想，想相为身。聚缘内摇，趣外奔逸。昏扰扰相，以为心性。一迷为心，决定惑为色身之内。不知色身，外洎山河虚空大地，咸是妙明真心中物。譬如澄清百千大海，弃之，唯认一浮沤体，目为全潮，穷尽瀛渤。汝等即是迷中倍人。如我垂手，等无差别，如来说为可怜愍者！"

【讲解】

这时阿难与现场的大众迷闷不解，都睁大了眼睛望着佛，不知道自己心身究竟颠倒在什么地方？佛祖兴起大慈悲心，哀悯阿难和现场大众，发出海潮一样的声音，告诉大众说：

为了能够清楚理解这一段，先做一个比喻："一台放映机投射出了一切影像，一切影像中包括了虚空大地、众生及人体六根、一切感觉妄念、一切知识和理论。”

佛说：“诸位善男子，我常常说，世间的一切物象，以及由一切物象刺激六根引发出的一切感觉、知觉，进而产生出对种种事物名相的定义，对法相法理的种种推断，涌现出的种种思想观念、认识和知识，等等，都是由真心所显现出来的幻象。你现在的身体，你现在的识别心都是由妙明真精妙心所显现出的幻象。”

为什么称为“妙明真精妙心”呢？如同是在电影影像中表达“放映机”是“不可被表达的”一样，用心生出的一切语言文字表达生出一切语言文字的“心”就只能说是“奥秘而不可思议的，精真精妙的心”。

“为什么你们遗失了对这个生出一切物象、一切感知觉、一切观念认识的，不在一切物象、一切感知觉、一切观念认识中的真正心性的认识，反而迷失在自己的妄断推测中？”

为什么叫作“本妙”“圆妙明心”“宝明妙性”呢？因为一切妄想认识、文字语言都是真心所生，由真心生出的语言文字说明真心的“不可思议、究竟圆满、如如不动、不生不灭”时，就假名为“本妙”“圆妙明心”“宝明妙性”。

“你们用真心创造出的感觉器官知觉着真心创造出的一切世界万物，进而在真心创造出的大脑中产生种种分别，形成种种妄念妄想，再由此妄想认为这个由物质组成的身体是实有的；由脑中的妄

想识别对外在事物和自身做出种种分别推断，进而又认为这个昏昏扰扰、生灭无常、变动不息的识别心就是自己的真心。”

“因为这种迷执的认识，你们就断定自己的真心在色身之内。你们不知道，包括你们的色身，以及外在山河虚空大地，都是在你们真正的心中生出的幻象。”

“你们这种错误的认识，就如同是放弃了对整个大海的认识，反而认为海上浮起的一个小水泡就是整个海洋一样。你们真是迷执的人中加倍迷执的人。”

“这就像我用垂手所做的比喻，手臂的或正或倒，不会让手臂本身发生增加或减少，是一般人们定义了正与倒的名相。同样道理，一切世间所有都是真心幻现出的假象，而众生在妄想识别中定义了众生与佛的区别。在佛的究竟智慧里，没有众生与佛的名相，没有一切分别。为什么呢？因为一切相都非实有，一切都是唯心所现的。所以，如来说你们这些迷执的众生真是最可怜悯的人！”

【总结】

佛祖与阿难的对话，可以从以下两个层面来理解：其一，有相层面，有佛有众生。其二，无相层面，无佛无众生。

其一，有相层面，有佛有众生。

有相就是有我相、人相、众生相、寿者相、佛相、法相。在有相层面上说“众生之身”是，认为心在身体之中，认为人死后一切全灭，由此被自认为实有的物欲所迷惑，继而恐惧死亡，这是有相层面的颠倒。正遍知的佛身是认识到一切世界所有，包括自己的身体以及任何的感觉、观念、识别都是由真心生出的幻象。在无常生灭的色身灭失之后，真心不会随着死去，这样就解脱了生死！

认为心在身体之中是一迷，认为有众生有佛是迷上加迷！

其二，无相层面，无佛无众生。

无相就是在假名为佛的究竟智慧里，已经离了我相、人相、众生相、寿者相、佛相、法相，没有了众生与佛的名相区别，没有了一切对相的分别执着，能够认识到世界一切所有，包括佛法、正知正见的佛等等在内，一切唯你的心所现，这就是彻底的、究竟第一义的不可说！为什么“不可说”？所谓“离一切诸相，即名诸佛”，如果一切都非实有，一切都是你的心创造出来的幻象，这还有什么可再说的呢？

总之，所有人学佛都是从有相来学佛，然后通过对法相的学习和理解，领悟到世界非实有，一切分别都无实义，由此破除对法相的执迷，彻悟一切万物，以及心身的生死都是自己的“唯心所现”，这样就解脱了烦恼苦和生死苦，得阿耨多罗三藐三菩提！

第十三章：五番显见：显见无还

【原文】

阿难承佛悲救深诲，垂泣叉手而白佛言："我虽承佛如是妙音，悟妙明心，元所圆满，常住心地。而我悟佛现说法音，现以缘心，允所瞻仰，徒获此心，未敢认为本元心地。愿佛哀愍，宣示圆音，拔我疑根，归无上道。"

【讲解】

阿难承蒙佛的慈悲救拔、深切教诲，悲泣合掌而对佛说：“我虽然承蒙佛这样奥秘的语言开示，让我领悟到奥妙而不可思议的心性原本就是圆满的，恒常住于心地中。然而我对于佛所说的究竟义理，还是以攀缘而来的妄念妄心理解和领悟。如果是以真心创造出的妄心领悟真心的话，那么任何的领悟还都是虚妄不实的妄念妄想，都是徒劳无获的，所以我还不敢认为这个在虚妄念头中认识到的心就是我生出一切法的原本心性。唯愿佛能再行哀愍，宣讲圆满究竟的义理，拔除我等众生疑惑的根本，归无上佛法正道。”

【原文】

佛告阿难：“汝等尚以缘心听法，此法亦缘，非得法性。如人以手，指月示人，彼人因指，当应看月。若复观指，以为月体，此人岂唯亡失月轮，亦亡其指。何以故？以所标指为明月故。”

“岂唯亡指，亦复不识明之与暗。何以故？即以指体为月明性，明暗二性无所了故。”

【讲解】

佛对阿难说："你们现在还在以攀缘而来的妄想心来听我说法，那么所听到的任何道理和理解领悟都是妄念，如果执着在这样的分别妄念中是无法得到一切法的本质究竟的。"

"这就好像是有人用手指指示月亮给他人看，他人应该顺着手指去观看月亮。如果把看到的手指当作是月亮的话，这个人不仅没有看到月亮，更没有真正理解手指所起的指示作用。为什么呢？因为这个人以为手指就是月亮。"

"进一步说，这个人又岂止没有理解手指所起的作用，同时更没有认识到明与暗的现象。为什么呢？因为他以手指作为月亮的光明来认识，而手指没有光明的特性，这样他就无法真正认识到什么是明，什么是暗。"

在这段"以指指月，指非是月"的比喻中，"手指"比喻为种种标指究竟实相的"法"。"月亮"就是"见性""心性"，用另一句话说就是究竟实相的义：一切唯心所现。

一个人学佛应当依照佛法的义理去领悟究竟不可说的"心性"。如果执着在法相为实有上，执迷在对佛法的分别辩论之中，认为这种分别辨识就是"见性"，认为对分别辨识的体验觉知本身就是真心，那么不但无法"见性"，同时也丧失了佛法真正要起的指示作用。

在“如果执迷手指为月亮，而手指没有月亮的明性，这样就无法认识到明暗二性”的比喻中，要说明的是，如果执迷在“体验觉知出的妄念妄心”为真心自性的话，不但错认妄念妄心的特性为真心特性而被其所误导，同时也失去了对真正心性所起作用的认识。

【原文】

“汝亦如是。若以分别我说法音为汝心者，此心自应离分别音有分别性。譬如有客寄宿旅亭，暂止便去，终不常住。而掌亭人都无所去，名为亭主。”

【讲解】

“你也是这样的，如果把分别我所说法音的觉知体验认为就是你的心性，那么这个心应该离开一切声音而单独存在一个能分别的本体。用个比喻来说，这就像是一个客人寄居在旅店之中，那么他停留一段时间后，就会离去。如果是旅店的主人，就不会离去，因此称为亭主。”

【原文】

“此亦如是。若真汝心，则无所去，云何离声无分别性？斯则岂唯声分别心；分别我容，离诸色相，无分别性。如是乃至分别都无，非色非空，拘舍离等昧为冥谛。离诸法缘无分别性，则汝心性各有所还，云何为主？”

【讲解】

“同样道理，如果这个对当下识别的觉知体验是你的真心，那么就应该恒常存在而不会离去，然而为什么在离开了一切声音后，就不存在一个能分别觉知的本体了呢？”

“这个道理又岂是限于对声音的分别了知，实际上也包括对容颜、颜色和物象的觉知分别，如果离开了一切颜色形象，同样没有一个单独能分别体性的存在。以至于在没有了任何分别体验觉知，达到没有对一切物象的识别体验，进入没有对万物的觉知体验和没有对虚空识别的觉知体验境界中，拘舍离等那些外道，错误地认为‘这个没有任何分别体验觉知的境地’就是造物最初的‘幽冥境界’。”

“如果离开了一切外在的刺激而不单独存在一个能知能觉的体

性，那么你所认为的分别心性，都各自有可以归还其所发生的原因之处，那么你又以什么作为自己能识别的‘真心’呢？”

为什么拘舍离等外道的认识是错误的？

第一，佛祖对阿难说：假设你认为你对“分别识别感知感觉”的体验就是真心的话，为什么在离开了一切声音、物象的感知体验后就不存在一个单独的能知能觉的本体呢？所以，你认为你对一切现象的分别觉知体验就是你的真心是错误的。

第二，拘舍离等外道有一种错误认识，他们认为，在一切感知感觉灭失后，就会进入造物最初的幽冥境界。这种认识只是拘舍离等外道在大脑中，通过对一般现象的分别推理而幻想出来的，这种认识是错误的，为什么呢？

因为一切的感知感觉都是幻象，能知能觉的本体是不在一切感觉感知的体验之中的，更不在一切感知感觉灭失之后的状态中。为什么呢？因为一切感知觉知的体验都是“它”生出来的幻象。因此，在幻象中不存在一个断除一切感知感觉体验后所存在的无知无觉的幽冥境界。

那么是否存在一个“非幻”呢？答案是：“是的。”但是因为一切的分别体验都是虚妄的分别妄想，所以“非幻”不可说！为什么“不可说”？因为非幻就是你！

【原文】

阿难言："若我心性各有所还，则如来说妙明元心，云何无还？惟垂哀愍，为我宣说。"

【讲解】

阿难说："如果我的识别心性（对感知感觉的体验）随外界现象的灭失而灭失，世间一切现象都各自有其所归还之处，那么如来说的那个奥妙圆满的真心为什么是无所归还的？唯愿佛能够哀愍众生，为我们宣讲究竟的道理。"

【原文】

佛告阿难："且汝见我，见精明元，此见虽非妙精明心，如第二月，非是月影。汝应谛听，今当示汝无所还地。"

【讲解】

佛告诉阿难："就以你现在看见我时觉知到的感觉体验来说，你看见我的'当下'所体验到的'觉知识别体验'，虽然不是真心本身，也是真心生出的幻象。这个幻象就如同是你捏住眼睛去看月亮，就会在月亮旁边看到第二个月亮的幻影一样。这个'第二月'幻影不是'如月亮在水中映现出的倒影那样人人都是可以看得到的'，而是在你自己的心中生起的，只有你自己可以看到的月亮幻影。你认真仔细听好，我为你们开示最终无所归还的真正心性所在。"

【原文】

"阿难，此大讲堂洞开东方，日轮升天，则有明耀；中夜黑月，云雾晦暝，则复昏暗。户牖之隙，则复见通；墙宇之间，则复观壅。分别之处，则复见缘；顽虚之中，遍是空性。郁孛之象，则纡昏尘；澄霁敛氛，又观清净。"

【讲解】

“阿难，你现在看到的这个大讲堂，门向东方敞开着。”

“当太阳升起来的时候，就会看见光明照耀的现象；当黑夜来临，月亮未升起，云雾迷蒙之时，就会看见变为了昏暗的现象。从门窗的空隙中，就会看见通达的现象；在墙壁与房屋之间，就会看见堵塞的现象。在感觉器官的分别之际，就会觉知到物象的差别现象；在没有物象的空无地方，你看见的就都是虚空现象。”

“尘土飞扬，就会看见天空一片混沌不清的现象。雨过天晴，又会看到天空清净晴朗的现象。”

【原文】

“阿难，汝咸看此诸变化相，吾今各还本所因处。云何本因？阿难，此诸变化，明还日轮。何以故？无日不明，明因属日，是故还日。暗还黑月，通还户牖，壅还墙宇，缘还分别，顽虚还空，郁孛还尘，清明还霁，则诸世间一切所有不出斯类。汝见八种，见精明性，当欲谁还？”

【讲解】

"阿难，你们现在看到这一切的变化现象，我现在都各自归还生起它们的起因之处。是什么生起了这些现象呢？"

"在这些现象中，光明归还于太阳。为什么呢？因为没有太阳，就没有光明的存在，因此归还于太阳。同样道理，黑暗归还于月亮还未升起的黑夜，通达归还于门窗的空隙，堵塞归还给墙壁；物象的差别归还给分别，没有物象的空无之处，归还给虚空本身；混沌不清归还给尘土，清净晴朗归还给雨后的晴天。"

"一切世间所有事物都不出这八种现象之中。你认为你能够看见这八种现象的能见的本性，又应当归还给谁呢？"

【原文】

"何以故？若还于明，则不明时，无复见暗。虽明暗等种种差别，见无差别。诸可还者，自然非汝。不汝还者，非汝而谁？"

"则知汝心，本妙明净，汝自迷闷，丧本受轮，于生死中，常被漂溺，是故如来，名可怜愍。"

【讲解】

“为什么要这样说呢？因为如果把这个能见之性归因于是光明的存在而存在的话，那么在光明退去之后，你就无法再看见黑暗了，实际上你还是可以看见黑暗的，这说明“能见之性”不会因为光明的消失而消失。”

“以此类推，看见这八种现象的能见之性也不会因为这八种现象的消失而消失。”

“虽然光明与黑暗，通达与堵塞、分别与空无、混沌与清净，这八种现象本身存在着种种的差别，但是看见这八种现象的能见之性，是没有任何差别相的，即，能看见这八种现象的能见之性既不生在这八种现象之中，也不因这八种现象的灭失而灭失。”

“能够归还而消失的现象，自然就不是你的“能见之性本身”，那个无处归还的、不会灭失的，此时此刻正在觉知着的觉知本身，不是你的真心自性又是谁呢？”

“因此你应该知道，你的真心见性，不会因八种现象的灭失而灭失，它是不在这八种现象之中的，它是本有的，奥妙的，不可思议的，是明净的，是不生不灭的。为什么呢？因为世间一切现象都是它生出来的幻象，因此在它所生出的幻象中表达它的特性，就假名为本妙明净。”

“是你自己迷执在一切物象为实有中，因而丧失了对生出一切

物象和感知感觉真心的认识，枉受虚妄轮回之苦，一直漂溺在有生有死的妄想中。因此如来说你们是可被怜悯的人！”

【总结】

阿难说：“我们在用妄念妄心理解佛说的那个真心，这种理解本身也是幻象，所以我们还不敢认为所理解到的就是真心。希望佛能够再加开示。”

佛说：“你们是在用妄心理解我所说的法，如果执着在妄心分别上，是无法领悟到一切法的本质究竟的。这就像有人用手指指月亮，你们应该顺着手指去看月亮，如果以为‘手指’就是‘月亮’，不但失去了手指的指示作用，同时也无法认识到‘一切法的本质究竟’。”

“如果你们以我所说的法在你们心里产生出的种种‘分别识别体验’，以及对世间一切现象的觉知体验为真心的话，那么你们所体验到的一切世间现象都各自有其归还之处，当一切现象都因为归还给其所发生处而灭失后，你们就没有了任何的分别识别体验，没有了一切感知觉，没有了一切妄心妄念，而你们又以什么作为你们的真心呢？”

阿难问佛：“一切现象都有其归还之处，为什么佛说真心是无所归还的？”

佛祖说：“世间一切所有的现象可以归类为八种现象。而你对这八种现象的感觉体验、分别识别体验、妄念妄心都是因为这八种现象的存在而存在的。当这八种现象归还其所发生处而灭失后，你们对这八种现象的觉知体验、妄念妄心也就同时灭失了。当你们没有了一切的感觉感知体验和妄念妄心后，还是有一个‘能知觉’的存在的。”

如何证明呢？

证明的逻辑推理：你的“能知觉”不会因为光明与黑暗的消失而消失，所以它不在光明与黑暗之中，也不在对光明与黑暗的觉知体验之中。同样道理，以此类推，“能知觉”也不在世间存在的其他六种现象之中，也不会因为失去对其他六种现象的觉知体验而消失。因此，当世间存在的八种现象都归还其发生处而灭失后，你对这八种现象的觉知体验也就消失了，但是觉知这八种现象的“能知觉”是不在这八种现象以及对这八种现象的觉知体验之中的，它是不会随着这八种现象以及对这八种现象的觉知体验的灭失而灭失的。就算是世间一切现象都消失了，也就是说，就算是你失去了对一切现象的觉知体验，还是存在着一个“能知觉”的。这个“能知觉”是不能被“所知觉”（感觉体验思想妄念）表达的。因为“它”不是一切的感知感觉，也不在一切感知感觉的体验之中。所以，这个无处归还的“能知觉”就是你的真心。

一般人们认为，死亡就是失去了对世界存在的一切现象的觉知，不再有任何感觉知觉体验和思想了。佛祖告诉我们，世间一切所有事物都可以归类为八种现象，即便你失去了对这八种现象的感觉知觉体验后，“能知觉”还是存在的。这个能知觉是永恒不死的。阿难及大众因为是没有认识到这一点，所以“枉受虚妄轮回之苦，一直漂溺在有生有死的妄想中”。

如何以另外一种方式理解当一切感知感觉灭失后，还是存在一个“能知觉者”的呢?

世间一切现象的存在都是以物质的存在为前提的，一切现象都是对物质以某种模式运动的表达。即便是你用来观察一切现象的眼睛，感知分别一切现象和产生一切思想妄念的大脑神经细胞，也都是由物质原子堆砌起来的，表现在原子分子层面，都是一种物质运动模式的表达。

所有的物质都是由光子、电子、质子等基本粒子组成的，一切物质现象，包括眼睛、脑神经细胞都是由“观察”而存在的，观察者不在被其所观察出来的脑神经细胞中。因此，脱离一切对外在事物的感知，脱离大脑神经系统产生出的任何感觉感知、妄念妄想后，仍然存在一个非感觉感知体验、非妄念妄想的“观察者”。这个观察者不能被任何感觉所感觉到，也不能被任何的语言文字所标识。为什么呢?因为一切物质，整个大脑神经细胞，一切对物象的感觉感知体验，一切妄念妄想、一切语言文字，都是被“它”观察出来的。

因此观察者不会随着被其所观察出的一切现象、一切感知妄想的灭失而灭失。“观察者”就是真心！

什么是手指？ 什么是月亮？佛及一切佛法，以及你现在悟到一切法、一切佛、阿难、现场大众，你现在的任何分别觉知、任何认识和理解，都是“手指”，而月亮就是“观察者”！观察者就是此时此刻的“你”！

第十四章：六番显见：显见不杂

【原文】

阿难言：“我虽识此见性无还，云何得知是我真性？”

【讲解】

阿难说：“我虽然认识到这个见性是无处归还的，这又怎么能证明就是我真正的心性呢？”

【原文】

佛告阿难："吾今问汝，今汝未得无漏清净，承佛神力，见于初禅，得无障碍。而阿那律所见阎浮提，如观掌中庵摩罗果。诸菩萨等见百千界，十方如来穷尽微尘，清净国土，无所不瞩。众生洞视，不过分寸。"

【讲解】

佛对阿难说："我现在问你，你现在还未得到无漏清净的智慧，而承佛的神力可以见到初禅，而没有障碍。而阿那律见阎浮提世界，就像是观看手中的庵摩罗果。诸菩萨就可以看见成百上千个世界。十方世界的如来，对于像微尘那么多的国土都可以看得清楚。一般众生所看见距离也不过在分寸之间。"

【原文】

"阿难，且吾与汝，观四天王所住宫殿，中间遍览水陆空行，虽有昏明种种形像，无非前尘分别留碍，汝应于此分别自他。今吾将汝择于见中，谁是我体？谁为物象？”

【讲解】

“阿难，我现在暂且与你共同观看四天王所住的宫殿，遍观其间水中的、陆地的、空中的一切物象存在，虽然有或明或暗的种种形象，但都无非是对六尘分别出的妄想留存。你现在应该在所看见的一切现象中，分别出哪个是自己的真心，哪个是物象。现在我与你共同在所看到的一切物象中，抉择出谁是我的真心本体，谁是物象。”

【原文】

“阿难，极汝见源，从日月宫，是物非汝。至七金山，周遍谛观，虽种种光，亦物非汝。渐渐更观云腾鸟飞，风动尘起，树木山川，草芥人畜，咸物非汝。阿难，是诸近远诸有物性，虽复差殊，同汝见精清净所瞩。则诸物类自有差别，见性无殊，此精妙明，诚汝见性。”

【讲解】

“阿难，尽你所能看见的最远处，从日月宫来说，是物象而不是你的真心。一直到七金山，周遍一切现象，仔细观看，虽然有种种光芒，但也都是物象，而不是你的真心。你再从远及近观看腾云飞鸟、风吹尘起、树木山川、草叶人畜，等等，一切都是物象也都不是你的真心。”

“阿难，这一切或远或近的物象，虽然物象的体性有种种差别，但都是被你的能见之性所看见的景象。一切不同种类的物象各有其不同差别相，但是“能见之性”是没有任何差别相的。这个能见之性，实在就是你的真心。”

【原文】

“若见是物，则汝亦可见吾之见。”

【讲解】

“如果能见之性是一个物象的存在，那么你就可以看到我的能见之性了。”

【原文】

“若同见者，名为见吾。吾不见时，何不见吾不见之处；”

【讲解】

“假若你认为：当我与你共同去观看一个物象时，我的能见之性就附着在所看到的物象上了，例如共同去看一棵树，这时你就说，你在看见这棵树的同时也就等同于是看到了我的‘能见之性’。”

“那么当我收回视线不再去观看这个物象时，为什么你在另外一个地方又看不到一个单独存在的我的能见之性呢？”

【原文】

“若见不见，自然非彼不见之相，”

【讲解】

“假若你真的看到了一个‘我不去看这个物象时在另外一个地方单独存在的一个能见之性’，那么这个能见之性，自然就不是一个不可被看到的形象，那么它必然是一个以物象方式存在的形体。”

【原文】

“若不见吾不见之地，自然非物，云何非汝？”

【讲解】

“然而，若你在‘我不去看物象’时，又看不到一个单独存在的能见之性的物象形体，那么这个能见之性自然就是无形体的，是非物象的，既然是非物象的，它又怎么不是你的真心呢？”

【原文】

“又则汝今见物之时，汝既见物，物亦见汝，体性纷杂，则汝与我并诸世间，不成安立。”

【讲解】

“又”是承前“若见是物”。“再者说，如果能见之性是物象的话，物象也就都有能见之性了。那么在你去看其他物象时，其他物象也应该是看见你了。如果真是这样，无情之物与有情之物就体性纷乱，不可辨别了，那么你与我，以及世间一切所有事物都无法安立了。”

【原文】

“阿难，若汝见时，是汝非我见性周遍，非汝而谁？云何自疑汝之真性，性汝不真，取我求实？”

【讲解】

“阿难，在你去看见一切物象时，‘是你自己而不是我’在看，是你的能见之性在看见，在看遍一切物象，这一切物象也包括佛及现场大众，那么这个能看见一切物象的能见之性不是你又是谁呢？”

“你的真性就是现在你正在的‘看’，而你又为什么自我怀疑这个真性不真，反而到我这里求证证明真实呢？”

【总结】

阿难问：“我虽然知道了这个见性是无处归还的，但是又如何证明它就是我的真心呢？”

佛祖说：“你现在面前看到的远至日月宫，近至山川河流，再到更近处的草木人畜，这一切所有都是物象，虽然物象各自有其差别相貌，但都是被你所看见的。而你这个能看见的能见之性是没有任何差别相貌的。这个不在一切物象中，而又能够看见一切物象的能见之性就是你的真心。”

“如果你认为能见自性是一个物象的话，那么你也就可以看见我的能见之性了。如果你认为，在我与你共同去观看一个物象时，你这时就看到了我的‘能见之性’。那么当我不再去观看这个物象时，为什么你在另外一个地方又看不到一个单独存在的能见之性呢？假设你真的能够看见我的能见之性有一个形体存在，这个能见之性自然就不是一个无法被见到的物象形体。然而你现在又看不到一个‘我不去看物象时’所单独存在的能见之性的形体，那么你现在正在看见一切物象的能见之性，自然不是一个物象，而这个能见之性又怎么不是你的真心呢？”

佛祖说：“阿难，你在看见一切物象时，一切物象都是被你所见到的，是你在看见，包括我也是被你所看见的。那么这个你正在看见一切的‘能见之性’不是你的真心又是谁呢？而你又为什么怀疑自己的能见之性不真实，在你所看见的我的佛法中求证和证明你的能见之性是否是真实的呢？”

第十五章：七番显见：显见无碍

【原文】

阿难白佛言："世尊！若此见性必我非余，我与如来观四天王胜藏宝殿，居日月宫，此见周圆，遍娑婆国。退归精舍，只见伽蓝，清心户堂，但瞻檐庑。世尊！此见如是，其体本来周遍一界，今在室中唯满一室。为复此见缩大为小，为当墙宇夹令断绝？我今不知斯义所在，愿垂弘慈，为我敷演。"

【讲解】

阿难对佛说："世尊，如果这个能见性之性必然是周遍（如同是触摸遍）一切所有物象的，它必然是我的真心，而不是其他一切物象，那么现在我与如来共同观看胜藏宝殿居在日月宫中，这个能见之性就周遍在一切世间所有国土中。当我的看见，退回到精舍之中时，只能看见园林寺院。当进入清净身心的讲堂，却又只能看见屋檐和走廊。"

"世尊！如果这个'能见之性'的体性是这样的，当去看日月宫时，它的体性是遍布在一切世界之中的。现今在讲堂之中时，它的体性也就只能装满这一个房间了。"

"若如此，现在我就有了一个疑问：难道能见之性的体性可以由大缩小吗？如果不是由大缩小，难道说能见之性能被墙壁隔断吗？我实在是不知道其中的究竟义理，唯愿佛慈悲，为我宣讲。"

【原文】

佛告阿难："一切世间大小内外，诸所事业，各属前尘，不应说言见有舒缩。譬如方器，中见方空。吾复问汝，此方器中所见方空，为复定方，为不定方？若定方者，别安圆器，空应不圆。若不定者，在方器中，应无方空。”

【讲解】

佛对阿难说：“一切世间所有的大小内外形象，以及一切事物的生灭变化，都是你眼前分别出的尘象，即都是在能见之性中生出的幻象。因此不能说，能见之性在其所生出的一切幻象中有舒展或缩小。”

“用个比喻来说，就如同你在一个方形的器皿中看见了一个方形的空间。那么我问你，你看见的方形空间是固定为‘方形’的，还是不固定为方形的？如果方形是固定的，那么再安装一个圆形器皿，其中的空间就不应该又变成圆形的。如果说方形的空间不是固定的，那么方形的器皿中就不应存在确定的方形空间。”

【原文】

“汝言不知斯义所在，义性如是，云何为在？阿难，若复欲令入无方圆，但除器方，空体无方。不应说言，更除虚空方相所在。若如汝问，入室之时，缩见令小，仰观日时，汝

岂挽见，齐于日面。若筑墙宇，能夹见断，穿为小窦，宁无续迹？是义不然。”

【讲解】

“你说你不知道这个究竟义理所在，那么与我所做的这个比喻道理是一样的：如同你在方形器皿中可以看见方形空间，在圆形器皿中可以看见圆形空间，而虚空本体没有方形、圆形的特性一样，‘能见之性’在大看见大，在小看见小，在外看见外，在内看见内，但是‘能见之性’没有大小内外的特性，而你又为什么要在一切物象中求问‘能见之性’有个所在的地方呢？”

“阿难，如果你要想让虚空进入到无方无圆之中，你只要将方形器皿和圆形器皿移除，那么虚空本体就没有固定的方形或圆形。而你不应该说，为了还原虚空本体，在拿走方形器皿之后，还存在一个方形的空间要再去除。”

“同样道理，就如同是你问的那样，当你进入讲堂中时，能见之性收缩变小了，当你仰望太阳时，你岂不是要拉长能见之性到太阳的表面吗？如果说筑起墙壁就夹断了能见之性，那么在墙壁上打出个小洞，为什么又看不到能见之性接续起来的痕迹呢？因此事实情况不是你认为那样的。”

【原文】

“一切众生从无始来，迷己为物，失于本心，为物所转，故于是中，观大观小。若能转物，则同如来，身心圆明，不动道场。于一毛端，遍能含受十方国土。”

【讲解】

“一切众生从恒久以来，一直错误认为自己的“心身”是实有的物象，失去了对真心的认识，迷失在“自己认为的外在物象为实有”的错误分别中，因此在物象中分别‘能见之性’的或大、或小。”

“如果能够转变认识，认识到世间一切所有都是真心所生，真心不在其所生出的一切物象之中，这就是‘如来’了。”

“因为一切万事万物都是虚幻不实的，一切的分别都无实义，所以‘身心圆明，不动道场’。为什么‘于一毛端，遍能含受十方国土’？这句话的目的是要你认识到包括毛端、国土、大小内外，以及一切世间物象都非实有，要离一切分别执着，认识到一切唯心所现！”

【总结】

阿难问："假若这个能见之性，必然是我的真心，那么我现在与如来共同向远处观看，会看到日月宫及一切国土，退回到讲堂之中，又只能看到屋檐和走廊，如果是这样，当我向远处观看日月宫时，能见之性的体性是遍满整个世界的。当我退回到讲堂之中，能见之性的体性只能遍满这一个讲堂。由此，我就有了一个疑问：难道我的见性可以伸展和收缩吗？还是说我的见性可以被墙壁隔断呢？"

佛祖说："世间一切物象都是你的心生幻象，所谓'周遍'是说一切物象都在能见之性中生生灭灭，而不是说'世界物象是实有的，见性也是实有的，而见性的体性可以如同是触摸遍一样的周遍一切世界物象的'。"

用个比喻来说，虚空如同是能见之性，而一切物象的大小方圆都如同是在虚空中。同样道理，一切物象都是在你的见性中生灭无常、或大或小的存在。例如，日月宫、太阳、精舍、讲堂、墙壁、走廊等等。因此，见性不是一个物象，见性是生出一切物象的，所以不能说见性在物象中有伸展有缩小，或会被墙壁夹断。

一切众生为什么一直以来无法认识本心，根本原因还是认为外在世界是实有的，一切物象是实有的，自己看见一切物象的本心也应该是如物象一样是存在一个实有的形体，因此被自己"执着物象为实有”的错误认识所迷惑。如果能够转变认识，认识到一切物象都非实有，都是心生，而心不在他所生出的一切物象中，就是彻悟究竟实相义，就是“如来”了。

从另一方式来说，一切物象都是被意识观察出来的，而观察者不在一切物象中。因此一切分别都无实义！

第十六章：八番显见：显见不分

【原文】

阿难白佛言："世尊，若此见精必我妙性，今此妙性现在我前，见必我真，我今身心复是何物？而今身心分别有实，彼见无别分辨我身。若实我心，令我今见，见性实我，而身非我，何殊如来先所难言物能见我？惟垂大慈，开发未悟。"

【讲解】

阿难对佛说："如果这个能见之性必然是真实的我，那么这个能见之性就会在我的面前存在，如果是这样，这个能见之性是真实的我，而我现在的这个身心又是什么呢？"

阿难认为，在他现在的身心之外存在一个能见之性的真实的阿难。

阿难说："我现在这个身心确实是有分别感知能力的，而且这个身心真实能够被感知到，那个能见之性却没有一个分别觉知能力而能够觉知到我现在的这个身心。"

"如果那个能见之性确实就是我的真心，而且让我得以在现今看见虚空物象，那么这个能见之性就是真实的我了，而我现在的身心就不是'我'了，如果是这样的话，我现在的身心就是被能见之性所看见的物象了。如果我现在的身心是物象，然而我感觉到我现在的身心是有感知能力的，那么既然如此，为什么先前佛却责怪我说'物象怎么能够有能知能觉的能力而看见你呢？'希望佛能够发大慈悲，开示我等未悟的道理。"

【原文】

佛告阿难："今汝所言，见在汝前，是义非实。若实汝前，汝实见者，则此见精既有方所，非无指示。"

【讲解】

佛告诉阿难："你认为在你身心之外存在一个真实的阿难（能见之性），这个认识是错误的。如果能见之性真的在你面前存在，就一定有一个场所所在，也就一定会被指示出来。"

【原文】

"且今与汝坐祇陀林，遍观林渠及与殿堂，上至日月，前对恒河。汝今于我师子座前，举手指陈是种种相，阴者是林，明者是日，碍者是壁，通者是空。如是乃至草树纤毫，大小虽殊，但可有形，无不指著。"

【讲解】

“我现在且与你坐在祇陀林中，看遍眼前的树林沟渠以及殿堂，上面观看到的是日月，前面看到的是恒河。那么你现在与我共同在座位前面，用手指示这种种的物象之中，阴暗的是树林，光明的是太阳，阻碍的是墙壁，通达的是虚空，细致观察，以至看到草叶和毫毛之中，虽然这一切物象大小不一，但都有一个形象的存在，都不是不能被指示出来的。”

【原文】

“若必其见，现在汝前，汝应以手确实指陈何者是见？阿难当知，若空是见，既已成见，何者是空？若物是见，既已是见，何者为物？汝可微细披剥万象，析出精明净妙见元，指陈示我，同彼诸物，分明无惑。”

【讲解】

“如果你的能见之性一定是在你面前的，那么你就应该确实可以指示出哪一个是你的能见之性。阿难你应当知道，如果虚空是能见之性，那么虚空既然成为了你的能见之性，什么又是虚空呢？如果物象是你的能见之性，物象既然成为了能见之性，那么什么又是物象呢？”

“你可以认真仔细剖析所看到的一切物象，在其中指示出一个能见之性的形体给我看。这种指示要如同指示其他物象有一个具体的形体一样，要历历在目，毫无疑惑。”

【原文】

阿难言：“我今于此重阁讲堂，远洎恒河，上观日月，举手所指，纵目所观，指皆是物，无是见者。世尊！如佛所说，况我有漏初学声闻，乃至菩萨亦不能于万物象前，剖出精见，离一切物别有自性。”佛言：“如是，如是。”

【讲解】

阿难说：“我现在于重阁讲堂之中，远望恒河，上观日月，举手所指，放眼所看，能够被指示出来的都是物象，没有一个是‘能

见之性’。”

“世尊！如佛所说，要我在物象之中指示出能见之性，不要说像我这样有漏初学的声闻众，即便是菩萨们也不能在万物之中指示出一个离开一切物象而单独存在的能见之性的自体存在。”

佛说：“是的，是的。”

【原文】

佛复告阿难：“如汝所言，无有见精，离一切物别有自性，则汝所指是物之中，无是见者。今复告汝，汝与如来，坐祇陀林，更观林苑，乃至日月，种种象殊，必无见精受汝所指。汝又发明此诸物中，何者非见？”

【讲解】

佛再次告诉阿难：“就如你所说，不存在一个离开一切虚空物象之外而单独存在的能见之性，那么在你所指示出的一切物象之中就没有一个能见之性了（即你认为能见之性在你面前是错误的）。我现在再告诉你，你与我坐在祇陀林中，再去观看林园，乃至观看到太阳和月亮等等种种不同物象，必定没有一个能见之性被你所指示出来。那么你现在再认真思考看看，在这一切物象之中，是否有一个物象不是被你所看见的呢？”

【原文】

阿难言：“我实遍见此祇陀林，不知是中何者非见。何以故？若树非见，云何见树？若树即见，复云何树？如是乃至，若空非见，云何见空？若空即见，复云何空？我又思惟，是万象中，微细发明，无非见者。”佛言：“如是，如是。”

【讲解】

阿难说：“我看遍这祇陀林中的一切物象，实在是不知道其中有哪一个物象不是被能见之性所看见的。”

“为什么呢？如果树不是被能见之性所看见的，为什么又会看见树？如果说树就是能见之性，为什么又叫它为树呢？以此类推，如果虚空不是被能见之性所看见的，为什么又会看见虚空？如果虚

空就是能见之性，为什么又叫它为虚空？我由此又深入思考，在万象之中，如果仔细分析的话，没有一个物象不是被能见之性所看见的。”佛说：“是的，是的。”

【原文】

于是，大众非无学者闻佛此言，茫然不知是义终始，一时惶悚，失其所守。如来知其魂虑变慑，心生怜愍，安慰阿难及诸大众：“诸善男子，无上法王是真实语，如所如说，不诳不妄。非末伽黎四种不死矫乱论议。汝谛思惟，无忝哀慕。”

【讲解】

既然在面前物象中不存在一个能见之性，然而一切物象又都是被能见之性所看见的，这样大家就都不理解究竟为什么是这样的。

这时，现场还未证得无学地位的众生，听到佛这样说，都茫然而不知道佛所说的道理究竟是什么意思，一时间都惊慌失措，失去了自己所守持的信念。

如来知道阿难等现场大众神魂思虑惊恐不安，所以心生怜悯，安慰阿难和现场大众说："诸位善男子，我无上法王所说的是真实的话语，是如我所证的究竟实相而如实所说，绝不会诳骗众生和说虚妄不实的言论。不是像末伽黎那些外道所说四种不死的诡辩错乱理论。你们要认真仔细思考，不要辜负了佛的哀怜和你们仰慕求道的心。"

【原文】

是时文殊师利法王子愍诸四众，在大众中即从座起，顶礼佛足，合掌恭敬，而白佛言："世尊，此诸大众，不悟如来发明二种精见色空，是非是义。"

【讲解】

这时，文殊师利法王子怜悯现场的四众众生，在大众之中从座位上站了起来，顶礼佛足，合掌恭敬，对佛说："世尊，大家不明白，在能见之性与虚空物象二者之中，为什么在虚空物象中指不出一个能见之性的存在，而一切虚空物象又都是被能见之性所看见的，其究竟义理到底是什么？"

【原文】

“世尊！若此前缘色空等象，若是见者，应有所指；若非见者，应无所瞩。而今不知是义所归，故有惊怖，非是畴昔善根轻鲜。惟愿如来大慈发明，此诸物象与此见精元是何物，于其中间无是非是。”

【讲解】

“世尊！若眼前的一切物象之中，如果一切虚空物象都是被能见之性所看到的，就应该有一个能见之性被指示出来。如果在虚空物象中没有一个能见之性的存在，就应该无法看见虚空物象。”

“现在大家不知道其中的究竟道理是什么，因此惊慌不知所措，而不是这些众生往昔善根浅薄，不信佛言所产生的。唯愿如来能够发大慈悲，启发阐明，阿难及虚空物象与能见之性到底是什么？在其中，为什么虚空物象中不存在一个能见之性（为什么不存在一个能见之性的阿难），而一切虚空物象又都是被能见之性所看见的？”

【原文】

佛告文殊及诸大众："十方如来及大菩萨，于其自住三摩地中，见与见缘并所想相，如虚空华本无所有。此见及缘元是菩提妙净明体，云何于中有是非是？"

【讲解】

佛告诉文殊和大众："十方世界的如来，以及大菩萨们，他们用来看见世界的六根，识别世界的六识体验，以及由此产生出的一切妄想，都如同是捏目看见虚空中出现的幻华一样，都是本无所有的。"

"你们用来体验世界虚空物象的识别体验，以及一切虚空物象，根本上都是能见之性所生出的幻象，而你们又怎么能够在妄想识别体验和虚空物象中找出一个能见之性，而你们又怎么能认为一切虚空物象不被能见之性所看见呢？"

【原文】

"文殊，吾今问汝，如汝文殊，更有文殊是文殊者？为无文殊？”“如是，世尊！我真文殊，无是文殊。何以故？若有是者，则二文殊。然我今日，非无文殊，于中实无是非二相。”

【讲解】

“文殊，我现在问你，比如你文殊，是否还有第二个文殊的存在？还是说连你这个文殊也是不存在的？”文殊回答：“是的。世尊！我是真文殊，没有第二个文殊的存在。为什么呢？假若是有第二个文殊，那么就有两个文殊了。而我现在，不是说没有一个文殊，因此，在‘我’之中，既不存在第二个文殊，也不是说没有文殊。”

文殊的比喻要说明的是：在阿难面前虚空物象中既不存在一个阿难的能见之性（如同第二个阿难一样），然而也不能说你现在阿难的身心不是你的能见之性，即是“非无阿难的能见之性”。为什么呢？原因是，阿难的身心以及虚空物象都是能见之性生出的幻象，因此不能去问能见之性在阿难身心及虚空物象中的哪里，而要跳出这个逻辑认识，进而认识到，阿难的身心及虚空物象都是能见之性生出的幻象。

用个比喻来说，做梦者通过他所创造出梦境中的“假我”感知着梦境中的身心及虚空物象的存在。在梦境中，虽然不存在一个做梦者，但是，注意：做梦者即是体验梦境者，二者是一个“心”，所以，本质上，正在看见梦境中虚空物象的当下，实际上是做梦者在看见，而不是梦境中的假我在看见。

同样道理，阿难的身心是幻象，身心所面对的虚空物象是幻象，阿难的能见之性在创造出阿难身心及虚空物象的同时，即看见了阿难及虚空物象，所以，本质上，阿难正在看见虚空物象的当下，即是阿难的能见之性在看见，阿难的能见之性就是阿难当下的“正在看见”。如果再去阿难的身心及眼前虚空物象中找出一个能见之性，就是骑驴找驴，以头觅头。

再用个比喻来说，镜子映现出虚空物象，那么镜子在哪里呢？镜子不在虚空物象中，镜子就在当下的映现中。

因此，就如同不能说“不存在一个文殊”一样，虽然阿难的身心是幻象，能见之性也不在阿难的身心及虚空物象中，但是，如同做梦者即是体验梦境者一样，阿难的能见之性就在阿难“正在看见的当下”。因此，不能说不存在一个阿难的能见之性，以及不能说阿难在“看见的当下”不是阿难的能见之性，更不能说阿难的能见之性在他的身心面前的物象中。

再从另一个角度来说：阿难的身心与能见之性是非一非异的。什么是非一非异呢？用个比喻来说你就明白了。比如说，你做了一个梦。在梦境中你梦到了一个“假我”，那么你与梦境中的假

我就是非一非异的。为什么呢？因为在梦境中你感受到了一个“假我”，这时梦境中的假我与做梦者是两个不同的现象，因此二者不是“一”。同时，虽然你认为是梦境中的假我在体验着梦境，而实际上我们都知道，真正体验梦境的是创造出梦境的“你”，所以做梦者即是体验梦境者，二者又是“非异”的。因此，二者只能说是“非异”的，而不能说是“一”。

非一非异表达的是在逻辑上无法想得通，而只有接受一个非逻辑的结果才可以理解的真实情况：你的身心与虚空物象都是幻象，而你认为感知这个世界的心是妄心，然而实际上真心即妄心，真心与妄心虽然不能直接表达为“一”，但是二者是“非异的”，所以感知这个世界的“心”就是创造出这个世界的“真心”，这个心就是此时此刻你的正在感知。因此，佛经中经常说的“非一非异”，是让你放下分别执着，认识到真心即妄心，真心在创造着妄心和一切世界所有。认识到真心与妄心是“非一非异”的，就认识到了你就是一切，起心动念就是你的命运！

【原文】

佛言：“此见妙明与诸空尘，亦复如是。本是妙明无上菩提净圆真心，妄为色空及与闻见。”

【讲解】

前面文殊问："此诸物象与此见精元是何物，于其中间无是非是。"

现在佛回答说："能见之性与虚空物象的关系也是这样的：是能见之性创造出了一切虚空物象与一切身心的存在和一切的觉知体验。"下面，佛为了说明不能在其中"无是非是"，用了第二月的比喻。

【原文】

"如第二月，谁为是月？又谁非月？"

【讲解】

"比如说，你捏住眼睛在月亮旁边就会看到第二月，这个'第二月'不是在天空中实际存在的，只是在你心里看到的月亮幻影，而你怎么能说第二月是天空中存在的第二个实有的月亮呢？你怎么能说'第二月'不是真月映现出的幻影呢？"

同等比喻为：你怎么能说，你现在的身心是真实存在的第二个阿难呢？你怎么能说你现在的身心及虚空物象不是能见之性所映现出的幻象呢？就是说，你怎么能说你现在的身心及虚空物象不是被能见之性所看见的呢？

从本质上来说，真阿难是能见之性（如同做梦者），而现在阿难的身心只是能见之性创造出的幻象，而阿难认为现在的身心是具有感知能力的，然而这个认识是错误的，实际上是能见之性（如同做梦者）在看见这个世界。阿难的身心（梦中假我）与能见之性（做梦者）是非一非异的。因此，不能说存在一个身心的阿难和一个能见之性的阿难，在阿难的身心面前也不存在一个能见之性。

【原文】

“文殊，但一月真，中间自无是月非月。”

【讲解】

“文殊，只要天空中存在一个真月，那么在其中，自然第二月不是天空中存在的实有的第二个月亮，自然你不能说第二月不是真月映现出的月影。”

同等比喻为：自然不存在第二个实有的阿难（真阿难是阿难的“能见之性”，而现在的阿难身心只是能见之性生出的幻象），自然阿难的身心及虚空物象都是被能见之性所看见的。

因为阿难在虚空物象中试图找出一个能见之性，而通过这个比喻就会明白，在阿难的身心及虚空物象中不存在一个能见之性，反而是“阿难的身心及虚空物象都是能见之性生出的幻象（如同真月映现出的月影）”。

因此，“无是月非月”对等比喻“于其中间无是非是”，“无是非是”的意思是：“在虚空物象中不存在一个阿难的能见之性，然而能见之性是可以看见阿难身心及虚空物象的。”

【原文】

“是以汝今观见与尘，种种发明，名为妄想。不能于中出是非是。由是真精妙觉明性，故能令汝出指非指。”

【讲解】

同样道理，你现在用来观看和感知世界的六根与所看到的虚空万象，以及由此引发出的种种联想思考分别，就称之为妄想。

你不能在妄想中找出一个能见之性的存在，同时你也不能认为一切妄想不是被能见之性所看见的。恰恰是真心自性（能见之性）让你在这里指着和分别着哪个物象是能见之性，而又无法指出哪个物象不是被能见之性所看见的。

为什么说“一切思考分辨都是妄想，而你无法在妄想中认识到一个真，但是你却可以用分别妄想证悟究竟实相呢”？唯一的答案只能有一个：一切妄想都是你的心生出的幻象。注意：这句话非常重要。你要离四相来理解这句话，离四相即是无我相、人相、众生相、寿者相。所以，当你接受这一点时，你会发现世界上只有你，一切都是你的意识创造出的幻象！只有这一点是真实的，证悟究竟实相才是存在的，以及一切佛法才是成立的。反过来说，一切佛法带给你的终极结果只是这一点。

【总结】

阿难认为在面前的虚空物象中存在一个能见之性。佛告诉他：

“世间虚空物象中不存在一个能见之性，然而一切虚空物象又都是被能见之性看见的。”

大家对“为什么虚空物象中既不存在一个能见之性，然而一切虚空物象又都是被能见之性看到的”感到困惑不解。佛说：“虚空物象都是能见之性创造出的幻象，而你又怎么能在虚空物象中找出一个能见之性？你又怎么能说虚空物象不是被能见之性所看见的呢？”

佛用了两个递进比喻来说明这一点：

第一个比喻是“无是文殊，非无文殊”。“无是文殊”的比喻是说，阿难的能见之性不在阿难现在的身心及虚空物象中，所以在虚空物象中没有一个阿难的能见之性，这里的“无是文殊”等同于“无是阿难”（在阿难面前的虚空物象中不存在一个能见之性的阿难）。

“非无文殊”比喻的意思说，就如同在梦境中不可能找到做梦者，而做梦者即是体验梦境者，二者是一个“心”一样，阿难在看见自己的身心及虚空物象的当下，实际上就是阿难的能见之性在看见。所以阿难的能见之性就在“阿难当下的觉知中”。所以不能说不存在一个阿难的能见之性，在阿难感知的当下就是阿难的能见之性。

第二个比喻是第二月。第二月的比喻是说：如同第二月一样，阿难的身心及虚空物象都是幻象，而真月就如同是“能见之性”。

就如同第二月不是天空中存在的第二个实有的月亮一样，也不存在一个实有身心的阿难。因为阿难的身心及虚空物象都是幻象，所以能见之性是不在阿难的身心及虚空物象之中的，反而是，阿难的身心及虚空物象都在能见之性的看见和创造之中。

从逻辑上来说，当你发现：在一个事物中无法找出映现出这个事物的本体，然而这个事物却是被本体所映现出来的，那么你只能接受这么一个非逻辑的事实："这个事物是幻象的存在，而本体是生出幻象者。"最容易理解的例子就是"镜子映现出镜中的物象，而你在物象中是找不到镜子的，但是镜子却能够映现出物象"。

因此，同样道理，如果你在你的身心及虚空物象中无法找出一个能见之性（如同在物象中找不到镜子），然而身心及虚空物象又都是被能见之性所看见的（如同被镜子照显），那么你只能接受这么一个非逻辑性奥秘的事实："身心及虚空物象都是能见之性生出的幻象！"

自古以来，佛法的究竟奥秘就是这样的：通过一般逻辑道理，最终悟到那个非逻辑性的真实奥秘，悟到这个奥秘就是得阿耨多罗三藐三菩提！通过推理认识到这个奥秘就是顿悟，体证到这个奥秘就是证悟！

虽然通过逻辑推理推出来的这个非逻辑的奥秘，只要去研究，人人都可以理解，但是很难让人从内心中彻底相信。

通过另外一种方式，我们就可以很清楚直接证实这一奥秘：你的身心、虚空物象都是由物质组成的，而所有的物质都是由光子、电子、质子等基本粒子组成的，一切物象都是被你的意识观察出来的，你的意识在看见物质的同时创造出了物质的存在。因此你的意识（能见之性）不在你所创造出的一切物象之中。用阿难来比喻说，阿难的意识不在他的意识所看见的一切物象之中，因为阿难的身心都是物质现象，因此意识也不在阿难的身心之中，反而是，阿难的身心及虚空物象都是在阿难的意识创造之中。阿难的意识就在阿难看见虚空物象的当下觉知中，即在阿难的感知当下就是阿难的能见之性。

就是说，真心（能见之性）不在一切虚空物象中，反而是虚空物象在真心中。因此即便是包括你的身体以及一切世间虚空物象都灭失了，你的能见之性，即创造出你的身心、妄想以及一切虚空物象的意识是不在一切虚空物象中的，“它”是永恒的！！！

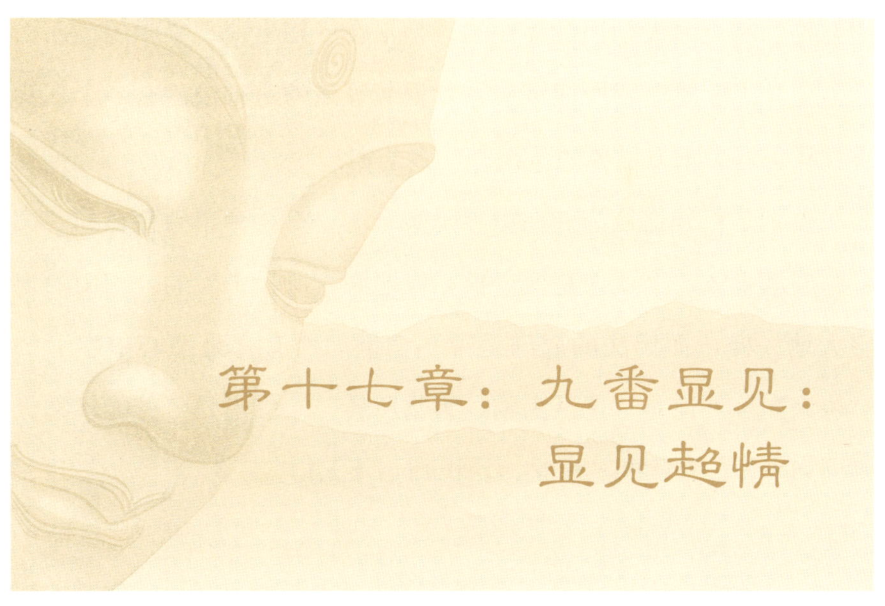

第十七章：九番显见：显见超情

【原文】

阿难白佛言："世尊！诚如法王所说，觉缘遍十方界，湛然常住，性非生灭。与先梵志娑毗迦罗所谈冥谛，及投灰等诸外道种，说有真我遍满十方，有何差别？"

【讲解】

阿难对佛说："世尊！就如法王所说，这个可以觉遍一切世

间万物的能见之性是恒常存在的，是不在一切生灭现象中的。那么这与先梵志娑毗迦罗所谈冥谛，及投灰等诸外道种说的有一个真我（神我）遍满十方世界的认识有什么差别？”

差别是：外道认为外在世界是实有的，有一个单独存在的“真我”遍满十方。这就像是说，投影仪遍满它所投影出的一切山河虚空大地一样，而佛法的遍满是说一切世间所有都是在心中生灭的“遍满”。外道是“迷己为物，为物所转”，佛道是“若能转物，则同如来”。转物的意思是，认识到心外无物。

【原文】

“世尊亦曾于楞伽山为大慧等敷演斯义：‘彼外道等常说自然，我说因缘，非彼境界。’我今观此觉性自然，非生非灭，远离一切虚妄颠倒，似非因缘，与彼自然。云何开示，不入群邪，获真实心妙觉明性？”

【讲解】

“世尊也曾经在楞伽山为大慧等讲说：‘那些外道论师，常常说一切事物都是自然而生、自然而灭，无因无缘的，而我说一切都是因缘所生，不同那些外道所说的境界。’然而，我今天观察这个能见之性是自然而有，非生非灭，远离一切颠倒虚妄，好像不是从因缘而有的，这好像与外道所说的自然论似乎是相同的。如何开示理解不坠入外道邪见，获得对真实心性的认识？”

【原文】

佛告阿难：“我今如是开示方便，真实告汝，汝犹未悟，惑为自然！阿难，若必自然，自须甄明，有自然体。汝且观此妙明见中，以何为自？此见为复以明为自？以暗为自？以空为自？以塞为自？”

【讲解】

佛告诉阿难说：“我今天这样以种种比喻方便开示你，将真心如实地告诉你，你还是没有开悟，反而迷惑认为其同于自然论。”

“阿难，如果能见之性必定是自然的（无因无缘，以客观方

式、自然而然地存在），那么就必须甄别出一个能见之性自然体的存在。”

“你现在且观察，在能见之性所看到的一切现象之中，究竟以什么作为能见之性的自体呢？”

“这个能见之性是否以光明作为它的自体？还是以黑暗作为它的自体？是以虚空作为它的自体？还是以堵塞作为它的自体？”

【原文】

“阿难，若明为自，应不见暗；若复以空为自体者，应不见塞。如是乃至诸暗等相以为自者，则于明时，见性断灭，云何见明？”

【讲解】

“阿难，假若以光明作为能见之性的自体，能见之性就应该只能看见光明，当光明退去，黑暗到来时，能见之性就应该看不见黑暗。假若以虚空作为能见之性的自体，那么在堵塞的地方，能见之性就应该看不见堵塞。依此类推，乃至假设以黑暗等相作为能见之性的自体，那么在光明时，能见之性就是断灭的，如果能见之性是断灭的，而你又为什么可以看见光明呢？”

【原文】

阿难言：“必此妙见，性非自然。我今发明是因缘生，心犹未明，咨询如来，是义云何合因缘性？”

【讲解】

阿难说：“这个奥妙的能见之性，其本性必然不是一个自然存在的体，我现在又认为它是由因缘所生出来的。我心里还是没有明白它究竟从何而来，所以请问如来，是否符合因缘而生的道理？”

【原文】

佛言：“汝言因缘，吾复问汝：汝今因见见性现前。此见为复因明有见？因暗有见？因空有见？因塞有见？”

【讲解】

佛说："你现在又说能见之性是由因缘而生，我现在问你：你现在因为是看见了光明、黑暗、虚空、阻塞等现象，而让能见之性得以在现前显现出来，那么你认为这个能见之性是因为光明而有的，还是因为黑暗而有的？是因为虚空而有的，还是因为堵塞而有的？"

【原文】

"阿难，若因明有，应不见暗；如因暗有，应不见明。如是乃至因空因塞，同于明暗。"

【讲解】

"阿难，如果说能见之性是因光明而有的，那么当光明消失时，能见之性就应该随之消失，这样在黑暗来临时，你就应该看不见黑暗。然而当光明消失时，你还是可以看见黑暗的。可见，能见之性不是因为光明而有的。"

“如果说能见之性是因为黑暗而有的，那么当光明来临时，黑暗就会随之消失，能见之性也就应该随之消失了，而你不应该再看见光明。然而你却还是可以看见光明的。可见，能见之性也不是因为黑暗而有的。”

“以此类推，说能见之性是因虚空、因堵塞等相而有的道理也与明暗相同。”

【原文】

“复次，阿难，此见又复缘明有见？缘暗有见？缘空有见？缘塞有见？阿难，若缘空有，应不见塞；若缘塞有，应不见空。如是乃至缘明缘暗，同于空塞。”

【讲解】

“再者说，阿难，这个能见之性是缘于光明而有，还是缘于黑暗而有？是缘于虚空而有，还是缘于堵塞而有？”

“阿难，如果说能见之性是缘于虚空而有，那么在堵塞之处，能见之性就不应该存在，而你也不应该再看见堵塞。然而实际上你

还是可以看见堵塞的。可见，能见之性不是缘于虚空而有的。”

“如果说能见之性是缘于堵塞而有，那么在虚空之处，能见之性就不应该存在，而你也不应该再看见虚空。然而实际上你还是可以看见虚空的。可见，能见之性不是缘于堵塞而有的。”

“以此类推，说能见之性缘于光明、缘于黑暗等相而有的道理也与空、塞相同。”

【原文】

“当知如是精觉妙明，非因非缘，亦非自然，非不自然，无非不非，无是非是；离一切相，即一切法。汝今云何于中措心，以诸世间戏论名相而得分别？如以手掌撮摩虚空，只益自劳，虚空云何随汝执捉？”

【讲解】

“你应当知道，这个能见之性，不是由一切现象的因缘而有，反而是一切因缘现象都是能见之性所创造出来的。”

“在光明、黑暗、虚空、堵塞等相中也没有一个能见之性自然体的存在，所有一切虚空万物都是被能见之性所生出的。”

“离开一切对光明、黑暗、虚空、堵塞等世间现象认为是实有的执着，就是一切佛法所起的本质指示作用。”

“你为什么在真心所生出的光明、黑暗、虚空、堵塞等现象和因缘现象中试图找出一个真心所在，而以世间因缘自然等戏论名相，妄图分别出一个真心所在。”

“你的这种妄想分别就像是用手在虚空中捉摸，妄图抓住虚空一样，这样的行为，只是徒自劳苦，虚空又怎么能够被你所抓捉到呢？”

【原文】

阿难白佛言："世尊，必妙觉性非因非缘，世尊云何常与比丘宣说见性具四种缘？所谓因空、因明、因心、因眼，是义云何？"

【讲解】

阿难对佛说："世尊，那个奥妙的能见之性如果不是由于因

缘而有的，世尊为什么常常与比丘们宣讲，能见之性须具有四种缘呢？所谓因空、因明、因心、因眼四个条件才可以看见，而这又怎么理解？”

【原文】

佛言：“阿难，我说世间诸因缘相，非第一义。阿难，吾复问汝：诸世间人‘说我能见’，云何名见？云何不见？”

【讲解】

佛说：“阿难，我那时所说的世间因缘相，是方便度人而说，不是究竟第一义。阿难，我再次问你：那些世间人‘说我能看见’，那么怎么样才叫作看见？怎么样叫作看不见呢？”

【原文】

阿难言：“世人因于日月灯光见种种相，名之为见。若复无此三种光明，则不能见。”

【讲解】

阿难说：“世人因为日月灯光照射的原因，而看见世间种种物象的形象，这样就称之为‘看见’。如果没有这三种光明，眼前全黑，这样就不能称为‘看见’。”

【原文】

“阿难，若无明时，名不见者，应不见暗。若必见暗，此但无明，云何无见？”

【讲解】

“阿难，如果在没有光明存在时，就称之为‘看不见’的话，那么你也不应该在光明褪去后再看见黑暗。如果你能够看见黑暗，那么在没有光明时你又怎么能称为看不见呢？”

【原文】

“阿难，若在暗时不见明故，名为不见；今在明时不见暗相，还名不见。如是二相，俱名不见。”

【讲解】

“阿难，假若在黑暗时，因为看不见光明就称为‘看不见’的话，那么现在在光明时，你也看不见黑暗，那么这时你也应该称为‘看不见’。”

“如果这样，无论是在黑暗时，还是在光明时，就都应该称为‘看不见’了。”

【原文】

“若复二相自相陵夺，非汝见性于中暂无。如是则知，二俱名见，云何不见？”

【讲解】

“假若是在光明与黑暗二种现象交替出现、相互中断的过程中，你的能见之性不会随之暂无，那么你就应该知道，无论是在光明，还是在黑暗时，你都是可以看见的，而你又怎么能说‘看不见’呢？”

【原文】

“是故，阿难，汝今当知，见明之时，见非是明；见暗之时，见非是暗；见空之时，见非是空；见塞之时，见非是塞；四义成就。汝复应知：见见之时，见非是见；见犹离见，见不能及，云何复说因缘自然及和合相？”

【讲解】

“因此，阿难，你今天应该知道，当看见光明时，能见之性不是光明，也不是因缘自光明而有；当看见黑暗时，能见之性不是黑暗，也不是因缘自黑暗而有；当你看见虚空时，能见之性不是虚

空，也不是因缘自虚空而有；当看见堵塞时，能见之性不是堵塞，也不是因缘自堵塞而有。”

“根据这四种道理，你应该知道，当你看见光明、黑暗、虚空、堵塞时，能见之性不是这四种现象，也不缘自这四种现象而有；只有离开能去看见的感觉器官，以及所看见物象的分别，那么就认识到了能见之性是无法在它所创造出的一切物象中看见它自己的（这就像眼睛无法看见眼睛一样），而你又怎么能说，能见之性是由因缘而来，或者是一个自然的体性，或者说是由合和而生出来的呢？”

【原文】

“汝等声闻狭劣无识，不能通达清净实相。吾今诲汝，当善思惟，无得疲怠妙菩提路。”

【讲解】

“你们这些声闻众生，认识狭窄，没有智慧，不能够通达清净实相的究竟义理。我今天教诲你们，你们要善加思考，不要懈怠修证无上智慧之路。”